AF305579

LUCRÈCE.

BNF
Pr) 4-74

IMPRIMERIE DE H. FOURNIER ET Ce,
Rue Saint-Benoît, 7.

LUCRÈCE

TRAGÉDIE

EN CINQ ACTES ET EN VERS

PAR

M. PONSARD

BIBLIOTHÈQUE ROYALE

PARIS

FURNE ET Cᵉ, LIBRAIRES-ÉDITEURS

RUE SAINT-ANDRÉ-DES-ARTS, 55

M DCCC XLIII

A mon ami Ch. Reynaud.

Personnages	Acteurs
JUNIUS, surnommé Brute.	Mrs BOCAGE.
SEXTUS TARQUIN.	BOUCHET.
VALÈRE, surnommé depuis PUBLICOLA.	GODAT.
COLLATIN, mari de Lucrèce.	MAUBANT.
LUCRÉTIUS, père de Lucrèce.	ROSNY.
SULPICE.	AMELIN.
TITUS, ⎫ frères de Sextus.	ÉMOND.
ARONS, ⎭	HARVILLE.
LUCRÈCE, femme de Collatin.	Mmes DORVAL.
TULLIE, femme de Brute.	HALLEY.
LA SIBYLLE DE CUMES	Mathilde PAYRE.
LA NOURRICE DE LUCRÈCE.	MARIE.
LAODICE.	Émilie VOLET.
ESCLAVE DE TULLIE.	ADÈLE.
MESSAGER.	
ESCLAVES.	
CITOYENS.	

LUCRÈCE.

ACTE PREMIER.

Une chambre de l'appartement des femmes, dans la maison de Tarquin Collatin, à Collatie. Trois portes, fermées par des tentures, s'ouvrent au fond sur l'impluvium. A gauche, une porte conduisant à la chambre de Lucrèce ; à droite, une autre porte communiquant avec le reste du gynécée. Des siéges et des meubles de forme antique sont disposés çà et là. Il est nuit. — Au lever du rideau, Lucrèce, une quenouille à la main, est assise près d'une table placée entre elle et sa nourrice. Plusieurs esclaves, groupées autour de Lucrèce, sont occupées de divers travaux. Une lampe sur la table.

SCÈNE PREMIÈRE.

LUCRÈCE, LA NOURRICE, ESCLAVES.

LUCRÈCE, a une des esclaves.

Lève-toi, Laodice, et va puiser dans l'urne
L'huile qui doit brûler dans la lampe nocturne.
Les heures du repos viendront un peu plus tard :
La nuit n'a pas encor fourni son premier quart,
Et je veux achever de filer cette laine,
Avant d'éteindre enfin la lampe deux fois pleine.
(Laodice se lève et va chercher de l'huile, qu'elle verse dans la lampe.)

LA NOURRICE.

Lucrèce, écoutez-moi ; car vous n'oubliez pas
Que je vous ai longtemps portée entre mes bras.
Votre mère mourut quand vous veniez de naître ;

Je vous donnai mon lait sur l'ordre de mon maître ;
Je ne vous quittai plus ; je bénis le destin
Lorsqu'il vous fit entrer au lit de Collatin.
C'est pourquoi laissez-moi parler. Que vos esclaves
Filent pour votre époux les robes laticlaves :
Je les ferai veiller jusqu'au chant de l'oiseau
De qui la voix sacrée annonce un jour nouveau.
Mais vous, ma chère enfant, suspendez votre tâche :
Vous la reprendrez mieux après quelque relâche.
Faut-il donc que vos yeux s'usent, toujours baissés,
A suivre dans vos doigts le fil que vous tressez ?
Pourquoi vous imposer tant de pénibles veilles ?
Cherchez à vous distraire, imitez vos pareilles ;
Et que, de temps en temps, des danses, des concerts,
Ramènent la gaîté dans vos foyers déserts.

LUCRÈCE.

Quand mon mari combat en bon soldat de Rome,
Je dois agir en femme ainsi qu'il fait en homme.
Nourrice, nous avons tous les deux notre emploi :
Lui, les armes en main, doit défendre son roi ;
Il doit montrer l'exemple aux soldats qu'il commande.
Mon devoir est égal, si ma tâche est moins grande :
Moi, je commande ici, comme il commande au camp,
Et ma vertu doit être au niveau de mon rang.
La vertu qui convient aux mères de famille,
C'est d'être la première à manier l'aiguille,
La plus industrieuse à filer la toison,
A préparer l'habit propre à chaque saison,
Afin qu'en revenant au foyer domestique,
Le guerrier puisse mettre une blanche tunique,
Et rende grâce aux Dieux de trouver sur le seuil
Une femme soigneuse et qui lui fasse accueil.
Laisse à d'autres que nous les concerts et la danse :

Ton langage, nourrice, a manqué de prudence.
La maison d'une épouse est un temple sacré,
Où même le soupçon ne soit jamais entré;
Et son époux absent est une loi plus forte,
Pour que toute rumeur se taise vers sa porte.

LA NOURRICE.

Ce zèle rigoureux me semble aller trop loin :
La joie est de votre âge un innocent besoin.
Pendant qu'on tient des Dieux la jeunesse, on est sage
De fêter cette hôtesse au rapide passage.
Quelle prise y voit-on à la malignité?
Et qu'est-ce, enfin, qu'un bruit qui n'est pas mérité?
L'honneur ne dépend pas d'un injuste caprice :
Et quand le cœur est pur, il suffit.

LUCRÈCE.

Non, nourrice.

Ce n'est pas assez bien respecter la pudeur,
Que d'avoir seulement son culte au fond du cœur :
Il faut lui rendre hommage à la face publique;
Pour être vraiment chaste, il faut être pudique;
Et comme vers ce but tout doit être tourné,
C'est être criminel que d'être soupçonné.

LA NOURRICE.

Eh bien! soit. Prolongez cette retraite austère;
Défendez aux plaisirs votre seuil solitaire;
Mais, cessant d'ajouter la fatigue aux ennuis,
Que le travail au moins n'abrége pas vos nuits.
Le sommeil entretient la beauté du visage;
L'insomnie, au contraire, y marque son passage.
Gardez que votre époux, de son premier regard,
Ne vous trouve moins belle au retour qu'au départ.

LUCRÈCE.

Tu me presses en vain : je veux rester fidèle,

Par mon aïeule instruite, aux mœurs que je tiens d'elle.
Les femmes de son temps mettaient tout leur souci
A surveiller l'ouvrage, à mériter ainsi
Qu'on lût sur leur tombeau, digne d'une Romaine :
« Elle vécut chez elle, et fila de la laine. »
Les doigts laborieux rendent l'esprit plus fort,
Tandis que la vertu dans les loisirs s'endort.
Aussi, celle qui prend l'aiguille de Minerve,
Minerve, applaudissant, l'appuie et la préserve.
Le travail, il est vrai, peut ternir ma beauté;
Mais rien ne ternira mon honneur respecté;
Et, si je dois choisir injure pour injure,
La ride au front sied mieux qu'au nom la flétrissure.
C'est assez : le temps passe à tenir ces propos;
Quand la langue se meut, la main reste en repos.
Poursuivons notre tâche. Allons !

SCÈNE II.

LES MÊMES, COLLATIN, BRUTE, SEXTUS, TITUS, ARONS.

(Ils écartent la tenture d'une des portes du fond, et contemplent
Lucrèce qui travaille. Moment de silence. Ils s'avancent vers
Lucrèce. Deux esclaves mâles restent vers le fond du théâtre.)

SEXTUS.

Gloire à Lucrèce!
Collatin a vaincu. (A part.) Dieux! la belle maîtresse!

BRUTE, à part.

O noble et digne femme!

COLLATIN, à Lucrèce qui s'est levée à l'entrée des princes.

Il faut nous pardonner.
Une telle visite a lieu de t'étonner;

Mais, pour faire éclater cette publique preuve,
J'ai vanté ta sagesse, et l'ai mise à l'épreuve.

BRUTE.

Je suis moins fou que vous : on a tort, Collatin,
D'allécher les voleurs par l'appât du butin.

SEXTUS, à part.

L'imbécile a dit vrai.

LUCRÈCE.

Seigneurs, je vous salue.
N'importe en quel objet vous l'ayez résolue,
Votre arrivée ici, ramenant mon époux,
Me réjouit. Soyez les bien-venus chez nous.

(Elle se rassied ; les princes et Collatin s'asseyent à son exemple sur
des siéges approchés par les esclaves. Brute reste debout.)

SEXTUS.

Voici comment nous vint, Lucrèce, cette idée :
Depuis un an, bientôt, nous assiégeons Ardée,
Et n'avons rien à faire en nos retranchements,
Qu'à bloquer l'ennemi, qu'on prive d'aliments.
Or, se croiser les bras dans une palissade,
Pendant tout un hiver, est chose fort maussade.
Donc, pour tromper l'ennui, nous étions en festin,
Mes frères, que voici, moi, Brute et Collatin,
Et nous passions le temps à puiser dans les cruches
Les meilleurs vins sabins, mêlés au miel des ruches.

BRUTE.

Oui, vous êtes à table un merveilleux soldat ;
Chacun de vos festins vaut seul un long combat.

SEXTUS.

Que veux-tu dire, fou ?

BRUTE.

Que vous avez la gloire
D'affamer l'ennemi, mieux qu'aucune victoire ;

Car vos repas guerriers sont conçus de façon
A couper vaillamment le vivre et la boisson.
Le courage, à ce compte, a dérangé son centre,
Et le cœur aujourd'hui se loge dans le ventre.

SEXTUS.

Paix ! Brute. La matière est au-dessus d'un sot :
Le domaine de l'aigle échappe à l'escarbot.

BRUTE.

Ne vous moquez pas tant, Sextus : l'aigle sublime
Sur ses ailes, un jour, raillait l'insecte infime :
« Gageons, dit l'escarbot, que je vous gagne au vol. »
L'aigle accepte, pour rire, et s'élance du sol ;
Puis s'écrie, en planant du haut de l'étendue :
« La gageure est à moi. — Non, vous l'avez perdue, »
Répondit l'escarbot, qui, jusqu'alors caché,
Quand l'aigle s'envola, sur lui s'était perché.
Tel mont touche les cieux, qu'un brin d'herbe domine

SEXTUS.

Ce fou m'a détourné, Lucrèce ; je termine.
Si bien que, nos cerveaux chauffés à l'unisson
Moitié par les discours, moitié par la boisson,
De propos en propos, enfin, nous arrivâmes
A vanter à l'envi la vertu de nos femmes.
Brute aussi, j'imagine : il fallait, sur ma foi,
Qu'il eût encor vidé plus de coupes que moi.

BRUTE.

Un prince ami des dieux, une femme fidèle,
Des léopards sans ongle et des oiseaux sans aile,
Un fleuve impétueux qui remonte son cours,
Sont des choses vraiment qu'on ne voit pas toujours.

SEXTUS.

Cependant, votre époux, abrégeant la dispute :
« Lutter de mots, dit-il, est une vaine lutte ;

« Je sais un moyen sûr pour expérimenter
« De combien ma Lucrèce a droit de l'emporter.
« Nous sommes vigoureux, voici la neuvième heure;
« A cheval! et gagnons tous cinq notre demeure!
« Nous jugerons ainsi nos femmes par nos yeux;
« Et leur gloire ou leur honte en apparaîtra mieux,
« Puisqu'à chacun de nous cette brusque entrevue
« Les montrera sans feinte, étant toute imprévue. »
A cheval! à cheval! crions-nous à grand bruit,
Et nous entrons à Rome, à la première nuit.
Nous pénétrons d'abord chez la femme de Brute,
Qui, parmi des danseurs et des joueurs de flûte,
Fêtant tout ce que Rome a de patriciens,
Pour des amis nouveaux oubliait les anciens.

(Il appuie sur ces derniers mots.)

BRUTE.

La femme de Sextus était bien plus louable:
Elle n'avait reçu qu'un convive à sa table.

SEXTUS.

Bref, sur un même point toutes semblaient d'accord:
D'une ou d'autre manière elles s'amusaient fort.
L'une ornait ses cheveux, pendant que les esclaves
Lui font fumer l'encens et les parfums suaves,
Et cherchait dans l'acier un maintien gracieux,
Qui d'un époux absent n'attendait pas les yeux:
L'autre, étouffant Vénus par une main avide.
La face tour à tour enflammée ou livide,
Interrogeait les dés ou jetait l'osselet,
Et disputait au jeu l'or de son bracelet.
Vous seule enfin, vous seule, à ce luxe étrangère,
Vous vous êtes montrée en sage ménagère,
Diligente, excitant vos femmes du regard,
A leurs humbles travaux vous-même prenant part,

Veillant de chastes nuits au foyer, dont vous faites
Un lieu religieux et non un lieu de fêtes;
Et prouvant qu'un grand cœur sait user des loisirs
Au profit du devoir et non pas des plaisirs.
Votre vertu retombe en honte sur les nôtres,
Et votre honneur s'accroît du déshonneur des autres.

(Sextus s'est levé, sur ces derniers mots. Lucrèce et les autres
personnages se lèvent également.)

LUCRÈCE.

Seigneur!

ARONS.

Oui, Collatin a gagné le pari.
Gloire à Lucrèce! et joie à son heureux mari!

LUCRÈCE.

Pour trop peu de vertu la louange est trop haute,
Et le blâme, seigneur, est trop vif pour la faute.
A juger par l'aspect bien souvent on confond;
Quel que soit le dehors, l'honneur peut être au fond.

SEXTUS.

C'est peu de triompher, vous êtes généreuse.

COLLATIN.

Je marquerai de blanc cette journée heureuse.
Maintenant qu'avec soin des lits soient préparés,
Afin de recevoir mes hôtes honorés;
Et qu'un calme sommeil, après ce long voyage,
Assouplissant leur corps, répare leur courage.
Mais il convient d'abord qu'un abondant festin
Les dispose à dormir en paix jusqu'au matin.

(Ils sortent par une des portes du fond. Lucrèce fait sortir ses
femmes par la porte latérale à gauche, et se trouve seule avec
Brute, resté un peu en arrière des autres. Elle l'arrête au moment
où il va franchir le seuil.)

SCÈNE III.

LUCRÈCE, BRUTE.

LUCRÈCE.

Écoutez, Junius.

BRUTE.

Nommez-moi plutôt Brute :
C'est mon nom. Suis-je pas en effet une brute,
Un imbécile, un fou?..... Non, laissez-moi parler;
Ma sottise trop pleine a besoin de couler.
J'en sens les flots épais bouillonner dans ma tête;
Elle m'étouffera s'il faut que je l'arrête.
Suis-je pas, je vous dis, c'est bien connu de tous,
Un être dont l'esprit est sens dessus dessous;
Un sot, trop méprisé pour inspirer la crainte,
Qu'on laissa, seul des siens, par une pitié feinte,
Dérober au licteur ses jours humiliés,
Afin qu'il amusât les princes ennuyés,
Et que, de ses aïeux absous par sa démence,
Il révélât Tarquin capable de clémence.
On dit que le lion, qui s'abreuve de sang,
Quand il trouve en chemin un cadavre gisant,
Après avoir flairé, d'une avide narine,
S'il ne reste plus d'âme au fond de la poitrine,
Repousse avec dédain le corps inanimé,
Et, réservant pour mieux son courroux affamé,
Cherche ailleurs une proie, où sa dent assouvie
Sous l'ardente douleur fasse frémir la vie,
Et déchire une chair dont le tressaillement
Prouve qu'elle a senti chaque déchirement.
Tarquin, le roi superbe, est le lion; de sorte
Qu'étant lui le lion, je suis la bête morte,

Et que Tarquin-lion, quand il m'eut bien tourné,
Ne trouvant nulle part une âme, a pardonné.
Il a, par Jupiter! d'autres gibiers à suivre.
Je ne vaux pas la mort, c'est pourquoi je peux vivre.
Tuer Brute serait faire tort à Sextus,
Qui, sur moi décochant ses traits les plus pointus,
Me tient à ses côtés, comme un but en réserve,
Pour s'exercer l'esprit quand il se croit en verve.

LUCRÈCE.

Junius!

BRUTE.

  Qui donc! moi, Lucrèce, un Junius!
Un parent du feu roi Servius Tullius!
Un pur patricien, un sénateur de Rome!
Un homme illustre, moi, qui ne suis pas un homme!
Chacun insulte ici Brute; mais sous l'affront,
Si j'étais Junius, courberais-je le front?
Brute baise la main du bourreau de son père;
Mais Junius saurait ce qu'il aurait à faire.
Il eût, par Romulus, le divin fondateur!
Il eût été victime ou sacrificateur.
Si j'étais Junius!..... Junius, pour tout dire,
Eût fait trembler de peur ceux que Brute fait rire.
Vous le voyez donc bien, Lucrèce, il ne faut plus
Déshonorer en moi le nom de Junius.
Brute, voilà mon nom. Il faut m'appeler Brute,
La brute que chacun injurie et rebute.
C'est encor me hausser même, et je suis plus bas:
La brute a sa compagne, et moi, je n'en ai pas.
Sextus m'a dérobé cette dernière joie.
Celle qui fut ma femme, il en a fait sa proie;
Et vous l'avez pu voir tantôt insolemment
Fouetter l'époux avec les lauriers de l'amant.

Grâce à Sextus, la honte, ardente à ma poursuite,
A su me relancer jusqu'au fond de mon gîte,
Et, debout sur mon seuil, ou dedans, ou dehors,
M'attend lorsque je rentre, et me suit quand je sors.
C'est bien! et le mari s'accorde avec la femme,
L'un étant ridicule, et l'autre étant infâme,
La sottise donnant la main à l'impudeur,
Et l'homme sans idée à la femme sans cœur.
N'est-ce pas très-plaisant, et peut-on trouver pire?

LUCRÈCE.

Écoutez, Junius, ce que je veux vous dire.
Je vous suis attachée, et vous l'avez dû voir,
Car j'ai mis tous mes soins à vous bien recevoir,
Du jour, où dégagé, par vos mains intrépides,
Du glaive des Sabins et des Volsques rapides,
Collatin vous ouvrit son seuil hospitalier,
Et vous fit prendre place au foyer familier.

BRUTE.

Il est vrai.

LUCRÈCE.

            C'est assez que mon mari vous aime.
Ceux chers à mon mari me sont chers à moi-même.
Vous étiez malheureux, de plus; mon amitié,
En face du malheur, s'accrut de la pitié.
Chaque nouvel affront, porteur d'une souffrance,
Était un aliment à ma persévérance;
Mais, après la pitié, survint l'étonnement
De voir un Junius dans cet abaissement.
Mon esprit recula devant cette merveille
D'un pareil descendant d'une race pareille,
Et pour avoir enfin mes doutes résolus,
J'observai, je compris, et je ne doute plus.

BRUTE.

Et qu'avez-vous compris? qu'avez-vous cru comprendre?

LUCRÈCE.

Qu'un feu qui semble mort couve sous une cendre.

BRUTE.

Que dites-vous?

LUCRÈCE.

          En vain vous vous rapetissez;
Brute, vous n'êtes pas ce que vous paraissez.
Depuis que j'ai les yeux sur vous, tout me l'atteste:
L'effort de votre voix, votre air et votre geste.
Votre stupidité n'est qu'un déguisement :
Vous vous faites petit, de peur d'être trop grand.

BRUTE.

Je suis grand en effet, et si grand qu'on me nomme.
D'un accord général, le plus grand fou de Rome.

LUCRÈCE.

Certain jour, vous présent, on disait nos aïeux :
Romulus, fils de Mars, reçu parmi les dieux :
Comment il disparut du milieu de sa suite,
Quand une nuit soudaine eut mis le peuple en fuite.
Quelques-uns l'avaient vu s'élancer dans les airs,
Sur le char de son père, environné d'éclairs;
Mais d'autres soupçonnaient, et c'était le grand nombre.
Le sénat conjuré d'avoir frappé dans l'ombre.
J'interrogeai vos yeux à ce point du récit.
Un rayon y passa, qui sitôt s'obscurcit.
Mais c'en était assez. Ce rayon de vengeance
Éclaira de vos plans toute l'intelligence;
Et tout à l'heure encor, n'avez-vous pas laissé
S'exhaler devant moi votre cœur oppressé?
Non, non, vous n'êtes pas ce que l'on croit à Rome.
Junius est sous Brute, et le fou cache l'homme;
Et plus vous descendez votre âme de hauteur,
Plus vous prouvez par là qu'on doit en avoir peur:

Plus vous vous ramassez de hontes à contraindre,
Plus, en se dévorant, la vengeance est à craindre.

BRUTE.

Vous avez deviné, Lucrèce; et cet aveu,
A Lucrèce adressé, me doit alarmer peu.
Oui, j'ai quitté mon nom, mais pour mieux le reprendre;
J'accepte tous leurs coups, mais pour mieux les leur rendre.

LUCRÈCE.

O sombre profondeur de ce ressentiment!
Je n'y plonge pas l'œil sans un tressaillement.
Mais puisque l'amitié put percer votre ruse,
Gardez que l'ennemi ne sente qu'on l'abuse.
N'oubliez pas qu'en vous, par deux contraires sorts,
Le corps doit tuer l'âme, ou bien l'âme le corps;
Que, vivant sous Tarquin, vous vivez sous la hache;
Qu'une erreur la suspend, qu'un soupçon la détache;
Qu'un instant vous trahir c'est lui tendre le cou,
Et que vous êtes mort si vous n'êtes plus fou.
Quand je pense aux effets d'un seul propos, je tremble.
Vous aviez trop raison aujourd'hui, ce me semble.
Votre folie était l'ivresse du bon sens,
Et vos traits contournés n'étaient que plus blessants.
Ce langage hardi.....

BRUTE.

           J'en peux user sans craindre.
Plus librement je parle, et moins j'ai l'air de feindre.
Pour paraître sincère et non l'effet d'un choix,
Il faut que ma folie ait raison quelquefois.
La franchise, d'ailleurs, passe pour insensée,
Tant chacun met de soins à cacher sa pensée;
Et ces temps malheureux ont faussé tous les cœurs,
Au point que la droiture est matière aux moqueurs.
Ne croyez pas non plus, pour m'avoir su comprendre,

Que par d'autres regards je me laisse surprendre.
Il est plus malaisé de tromper un ami
Que de se dérober au soupçon endormi.
A l'aspect des Tarquins, le danger que je touche
Avertit aussitôt et mon geste et ma bouche;
Ma vengeance elle-même est prompte à calculer
Que son chemin au but est de dissimuler.
Mais vous, vous attiriez toute ma confidence :
Votre compassion désarmait ma prudence,
Et doucement ému, je voulais un moment
Connaître le bonheur d'un peu d'épanchement.

LUCRÈCE.

Oh! oui. Je le conçois. Mais une autre épouvante
Gît dans une pensée au fond de vous vivante;
Et j'appréhende moins vos mots audacieux
Que vos recueillements longs et silencieux.
Quels que soient vos projets, à tenter la fortune
Vous hasardez bien plus que la chance commune.
D'autres n'ont à jouer que leur seul avenir;
Mais vous, c'est le passé qui doit vous retenir.
Après avoir tant fait pour bien vous contrefaire,
Pour bien vous révéler il faut encor plus faire.
Tant d'efforts surhumains venant au résultat,
Pour finir dignement veulent un coup d'éclat,
Et ne permettent plus qu'on en perde la peine
Dans les obscurs périls d'une entreprise vaine.

BRUTE.

Quels périls?

LUCRÈCE.

           Je ne sais; mais des bruits pleins d'effroi,
A travers ma retraite, ont pénétré vers moi.
Peut-être en ce moment quelque chose se trame;
Peut-être à la révolte il ne manque qu'une âme;

Et vous n'êtes que trop propre à la diriger,
Vous, par vingt ans d'affronts instruit à vous venger,
Instruit à commander aux passions des autres
Par vingt ans employés à commander aux vôtres.
J'ai craint que cet appât ne vînt à vous tenter ;
J'ai voulu vous armer à mieux patienter,
En vous faisant savoir que, moi, je vous estime
D'autant plus avili, d'autant plus magnanime.

BRUTE.

Généreuse amitié ! Rassurez-vous, pourtant.
Sans doute un jour viendra..... mais ce jour est distant.
Ah ! pourquoi la fortune est-elle si jalouse
De m'avoir envié même une chaste épouse !
Si celle qui flétrit encore un nom flétri,
Et qui, dans l'homme vil, avilit le mari,
Eût été comme vous, Lucrèce ; si mon âme
Eût pu se retirer dans celle d'une femme,
Et rencontrer, au sein des dieux intérieurs,
La paix et l'amitié qui me fuyaient ailleurs ;
Alors, ce bouclier du bonheur domestique
M'eût fait invulnérable à l'insulte publique,
Et j'aurais entendu, tranquille en mon orgueil,
Le bruit de l'infamie expirer à mon seuil.
Mais le sort, mécontent de son œuvre imparfaite,
A couronné ma honte et l'a placée au faîte.
Cependant il me traite avec quelque douceur :
S'il m'enlève une épouse, il m'accorde une sœur.
Que les dieux, vous suivant d'un regard tutélaire,
Réservent pour moi seul leurs regards de colère !
Qu'ils protégent vos jours.....

LUCRÈCE.

Silence. On vient par là.

Faites votre visage.

2

SCÈNE IV.

LES MÊMES, **COLLATIN, SEXTUS, TITUS, ARONS.**

SEXTUS.

Ah! Brute, te voilà!
Et Lucrèce avec Brute! O tête-à-tête rare
Du jour et de la nuit, du ciel et du Ténare!
Nous venons vous chercher, car chacun remarquait
Que vous manquiez, Lucrèce, et que Brute manquait.
(A Brute.)
Oui, quand tu n'es pas là, tout festin paraît fade,
Tout plaisir endormi, toute gaîté malade,
Allons, réveille-nous!

BRUTE.

Comment vous contenter?
Voulez-vous que je danse, ou vaut-il mieux chanter?

SEXTUS.

Toi! chanter de ce son de voix si lamentable!

BRUTE.

Laissez-moi vous conter, Sextus, une autre fable.
Le coq chantait un jour; la taupe, cependant,
Lui trouvait la voix aigre et le cri discordant :
« Ne se taira-t-il point? quelle est cette inconnue,
« Cette aurore à laquelle il dit la bienvenue? »
Le coq lui répondit : « Je chante le réveil,
« Parce que j'ai des yeux et peux voir le soleil. »

SEXTUS.

Où veut-il en venir avec ses apologues?

BRUTE.

Remarquez bien, Sextus, ces deux points analogues :
Puisque je vous réveille, et qu'ainsi vous dormez,
Je suis le coq, et vous la taupe aux yeux fermés.

SEXTUS.

Non, la taupe, c'est toi, Brute, sans aucun doute ;
Car, si ton œil y voit, ton esprit n'y voit goutte,
Pauvre idiot !

COLLATIN.

Sextus, c'est trop de dureté.
Ménagez Brute, au nom de l'hospitalité.
Il est ici mon hôte et mon toit le protége.
D'ailleurs envers les dieux c'est presque un sacrilége.
Celui sur qui Minerve étendit son courroux,
Tant qu'il est sous sa main, devient sacré pour nous.

SEXTUS.

Bah ! le trait ne mord pas, vu l'épaisseur du crâne ;
Jamais coup de bâton ne cassa tête d'âne.

BRUTE.

Pourtant me voyant choir, vous dites, l'an passé :
« Prends garde : Un cerveau creux est bien vite cassé. »
Vous vous contredisez.

SEXTUS.

        Ah ! oui, j'en ai mémoire,
Et je vous veux, Lucrèce, amuser de l'histoire.
Peu s'en faut qu'à nous tous Brute n'ait fait la loi.
Si sa mère eût vécu, Brute aurait été roi.
Je voudrais, pour ma part, assister à la fête,
Et le voir, sceptre en main, et diadème en tête.
C'était quand Apollon, aux carquois redoutés,
Affligeait les Romains de ses traits empestés.
Mes frères, Brute et moi, nous allâmes en Grèce
Du temple Delphien consulter la prêtresse.
Après avoir posé sur les autels du dieu,
Nous de riches présents, et Brute un vilain pieu,
Aussi grossier que lui.....

BRUTE.

        J'avais laissé l'écorce,

Afin que le bâton conservât mieux sa force.

SEXTUS.

Nous voulûmes savoir qui régnerait d'abord :
« Ce sera de vous quatre, a dit la voix du sort,
« Celui qui le premier embrassera sa mère. »
Brute s'ébahit tant qu'il se jeta par terre,
Le maladroit !

BRUTE.

　　　　　Chacun peut faire un mauvais pas.

COLLATIN.

Allons, seigneurs, allons achever le repas.
Viens, Brute, et ne crains point qu'aux railleurs j'applaudisse ;
Mes hôtes sont égaux sous ma foi protectrice.
Qui que ce soit de vous, toi, Brute, vous, seigneurs,
Vous, Sextus, mon foyer vous doit mêmes honneurs.
Chacun est bien venu ; chacun peut, à toute heure,
Certain d'être accueilli, frapper à ma demeure.
La porte s'ouvre à tous, moi présent, et ce soin
Appartient à Lucrèce, alors que je suis loin.

LUCRÈCE.

Le vœu de mon époux est ma loi.

SEXTUS.

　　　　　　　　　Suis-nous, Brute ;
Et marche droit, de peur d'une nouvelle chute.
J'y songe maintenant : il est clair qu'Apollon
N'a pas été content de l'offre du bâton,
Et, pour montrer combien sa rancune était grande,
Il t'a fait choir, réglant la peine sur l'offrande.

　　　　　　　　　　(Tous sortent)

BRUTE, sortant le dernier.

Non. Le dieu fut content. Tu ne sais pas encor
Que dans le bâton vil était un bâton d'or.

FIN DU PREMIER ACTE.

ACTE DEUXIÈME.

Une chambre dans la maison de Brute, à Rome. La chambre ouvre au fond
sur l'atrium, et communique par deux portes latérales, à gauche avec
l'appartement de Brute, à droite avec celui de Tullie. La décoration
élégante de cette pièce doit contraster avec la simplicité de l'appartement
de Lucrèce. Une table près de laquelle Brute est assis. Il est jour.

SCÈNE PREMIÈRE.

BRUTE.

« Celui qui le premier embrassera sa mère
« Régnera le premier. » Et j'embrassai la terre.
N'ai-je pas accompli l'oracle? et puis encor,
Quand j'eus offert au Dieu mon bâton rempli d'or :
« Brute, me fut-il dit, tu m'offres ton emblème ;
« La substance est pareille, et l'écorce est la même.
« Le bâton brisera le sceptre, et, par deux fois,
« Le nom qu'on donne aux fous sera fatal aux rois. »
    (Il se lève.)
Qu'on donne aux fous! C'est bien celui dont on me nomme ;
Mais alors c'est donc moi qui gouvernerai Rome!
En effet, j'éprouvais comme un élancement
Qui m'emportait en haut vers le commandement ;
Et cet oracle intime était déjà le signe
Que je dominerais et que j'en serais digne.
Ah ! je gouvernerai !..... l'arrêt du sort est clair;
Et puis, je sens monter un orage dans l'air.
Tarquin veut tout soumettre au niveau qu'il promène ;

Il courbe avec effort la noblesse romaine.
Si quelques sommités tendent à s'exhausser,
Il abat chaque front qu'il ne peut abaisser.
Telle envers le sénat parut sa politique,
Quand, ce corps invoquant son privilége antique,
L'usurpateur jaloux fit taire ses griefs
En le décapitant de ses plus nobles chefs.
Mais contre lui s'amasse une colère sombre.
Sous la soumission la haine croît à l'ombre,
Et, quoiqu'on obéisse enfin sans murmurer,
Qui ne murmure plus est près de conspirer.
Oui, Lucrèce a dit vrai : quelque chose s'apprête.
Vienne une occasion; vienne un homme à leur tête;
Et les patriciens, mal fléchis par les rois,
Sauront se redresser pour ressaisir leurs droits.
Et cet homme, c'est moi, qu'attend l'honneur suprême
De venger mon pays, et mon père, et moi-même,
D'affranchir l'avenir, de punir le passé,
Et de glorifier mon surnom d'insensé.
Patience! Les jours n'ont pas atteint leur borne;
On n'est pas furieux encore; on n'est que morne.
C'est un calme inquiet, semblable à cette horreur
Qui de l'éther tournant précède la fureur.
La menace des cieux attend qu'un vent l'allume.
Sommeillez jusque-là, foudres, sur mon enclume!
Noble sang des aïeux, qui me gonfles le cou,
Redescends, indigné, dans les veines du fou!
Et toi, Rome que j'aime, et que souvent j'invoque,
Rome à qui je médite une fameuse époque,
Rome à qui je promets, si j'arrive au pouvoir,
Des grandeurs que tes rois n'oseraient concevoir;
Quand il sera besoin, à tes destins prospères
J'offrirai tout le sang que je tiens de mes pères.

J'offre ma patience en attendant. Reçois
Cette libation des affronts que je bois.
D'ailleurs, je suis plus fort contre le vieil outrage.
Aux pleurs de la pitié j'ai trempé mon courage
Cette source, nouvelle à mon front étonné,
A lavé sa souillure et l'a rasséréné.
Je m'apprivoise au lit de fange, où je me vautre.
Je ne vois mes affronts que comme ceux d'un autre,
Et j'ai besoin tantôt, non pas de me dompter,
Mais de me battre exprès les flancs pour m'irriter.
Oh! qu'un mot bienveillant apaise de colère
Au cœur d'un malheureux !

SCÈNE II.

BRUTE, VALÈRE.

BRUTE.

Que me veux-tu, Valère?

VALÈRE.

Ami, réjouis-toi : tes vœux sont satisfaits,
Et nous allons passer des discours aux effets.
On se lasse à la fin de trembler sous un homme.
J'ai visité plusieurs des principaux de Rome,
Et tous, patriciens, chevaliers, sénateurs,
Que déjà du tyran fatiguaient les hauteurs,
Se voient poussés à bout par la guerre aux Rutules,
Dont les énormes frais dévorent leurs pécules.
J'ai flatté leur rancune, enflammé leurs esprits,
Appuyé sur les points qui les avaient aigris,
Puis, après le courroux éveillant l'espérance,
J'ai fait à leurs regards luire la délivrance,
Et ne les ai quittés qu'en laissant dans leur sein

Le germe enraciné d'un vigoureux dessein.
Déjà des mots hardis se disent à l'oreille ;
Déjà l'on s'interroge, on discute, on conseille,
Et, les Tarquins absents, de secrètes leçons
Circulent dans un air moins chargé de soupçons.
J'ai reçu ce matin le sénateur Procule :
Aucun n'ose avancer, mais aucun ne recule ;
On est sur la limite, et c'est l'instant précis
De pousser en avant ceux qui sont indécis.
Il manque, a dit Procule, un chef qui nous commande,
Et moi j'ai répondu : « Ce chef qu'on se demande,
« Il vit ; il paraîtra quand il en sera temps,
« Et, je vous le promets, vous en serez contents. »
Là, j'ai clos l'entretien sans plus ample ouverture.
C'est alors, plaise aux Dieux qu'il soit de bon augure !
C'est alors que le bruit me vint de ton retour.
Qu'en dis-tu, Junius ? n'est-ce pas à ton tour ?
Ne faut-il pas agir ?

BRUTE.

Il faut encore attendre.

VALÈRE.

Est-ce Brute qui parle ? Et que viens-je d'entendre ?
Brute tient sa vengeance, et diffère à punir !

BRUTE.

Je ne diffère, ami, que pour mieux la tenir.

VALÈRE.

Pourtant quand aurons-nous l'occasion plus mûre ?
Le tyran est absent, et le sénat murmure.

BRUTE.

Oui, de Tarquin ici le palais est vacant ;
Mais il a transporté son palais dans son camp,
Et, lorsqu'il reviendra suivi de ses cohortes,

Le trajet sera court des tentes à nos portes.
En outre, à Rome même il n'est pas sans appui ;
Le sénat est pour nous, mais le peuple est pour lui.
Le peuple se sent peu de son orgueil farouche :
Ce qui frappe les grands n'est pas ce qui le touche.
Les foudres de Tarquin, épargnant les lieux bas,
Sur les seules hauteurs concentrent leurs éclats,
Et le peuple, à couvert, voit courir, sur sa tête,
Vers d'autres régions, la royale tempête.
Indifférent au sort de ce débat lointain,
Son penchant est tourné du côté du butin.
C'est dans ce but secret que Tarquin fait ses guerres ;
Il se gagne le peuple en lui gagnant des terres.
Chacun, sans nuire à l'autre, a sa proie à ronger :
Tarquin a le sénat, le peuple a l'étranger.
La foule ne s'émeut contre la tyrannie
Qu'au moment qu'elle en touche au doigt l'ignominie ;
Lorsque, se répandant sur un terrain nouveau,
La licence descend jusques à son niveau,
Et quitte les sommets, où vit la politique,
Pour se ruer au sein du foyer domestique.
Ces abus de pouvoir sont les plus odieux,
Car, d'un même danger instruisant tous les yeux,
Révoltant de chacun les entrailles intimes,
Ils forcent tous les rangs à plaindre les victimes,
Et, par leur attentat contre le droit commun,
En s'adressant à tous, font craindre pour chacun.
Athènes, récemment, en offrit un exemple :
Hipparque, autre Tarquin, fut frappé dans un temple.
Quinze ans il opprima : quinze ans on le souffrit :
Il outrage une femme, et ce jour, il périt.

VALÈRE.

Mais quand en viendront-ils à ce point ?

BRUTE.

                        Laisse faire;
L'impunité les pousse, et c'est en quoi j'espère.
Un premier attentat, couronné du succès,
Est un chemin frayé vers les derniers excès.

VALÈRE.

Et voilà le hasard où ton espoir se fonde!
D'un caprice dépend ta sagesse profonde!
Dans l'ombre de vingt ans un projet médité,
Tu le firais au sort plus qu'à ta volonté!
Et si l'occasion ne nous est plus offerte?
Et si tout est trahi par une découverte?
As-tu bien réfléchi?

BRUTE.

              J'ai bien balancé tout.

VALÈRE.

Et ton dernier avis?

BRUTE.

              Est d'aller jusqu'au bout.
Mieux j'ai mûri mon plan, plus je dois être ferme
A ne pas le risquer, en en pressant le terme.

VALÈRE.

Ainsi, ton père mort...

BRUTE.

              Plus tard sera vengé.

VALÈRE.

Tes affronts.....

BRUTE.

              Je suis fait au rôle d'outragé.

VALÈRE.

Et tous nos partisans dont j'excitai le zèle,
Comment de ce retard prendront-ils la nouvelle?
Que leur dirai-je alors qu'ils me demanderont
Pourquoi mon bras est lent, quand mon langage est prompt?

BRUTE.

Tu leur diras : C'est peu de songer à détruire,
Si l'on ne songe encor comme on veut reconstruire ;
Et le ressentiment n'opère qu'à demi,
S'il ne sert une cause en frappant l'ennemi.
Or, les Tarquins chassés, qui mettra-t-on en place ?
Sera-ce le sénat, ou bien la populace ?
Ou, si l'on veut tenter l'essai d'un autre roi,
Quel sera cet élu ?

VALÈRE.

Brute, ce sera toi.

BRUTE.

Une autre ambition que celle-là me guide :
Je veux le bien de Rome, et je le veux solide.
Connais mieux mes projets : jusqu'ici l'entretien
Roula sur la vengeance et le choix du moyen :
Il est temps aujourd'hui que chacun de nous sache,
Par-delà les combats, quelle sera sa tâche.
Valère, si mon vœu doit prévaloir, ni moi,
Ni personne, jamais ne se nommera roi.
Tarquin fut un tyran ; un autre pourrait l'être.
Rome, telle qu'elle est, n'a plus besoin d'un maître.
Quand, faible et menacée, il fallait qu'au début
Elle vainquît sans cesse au prix de son salut,
Alors, il était bon qu'une forte puissance
Aux insubordonnés apprît l'obéissance,
Et, pour mieux faire face au choc environnant,
Doublât la résistance en la disciplinant.
La grandeur du danger tenait l'âme en haleine,
Et nourrissait ainsi la fierté sous la gêne.
Le guerrier respirait dans le sujet soumis.
Mais Rome a triomphé de tous ses ennemis,
Et, ne combattant plus pour sauver ses murailles,

N'a plus la même ardeur à gagner des batailles.
Cette sécurité, dans laquelle on s'endort,
Rend les esprits trop mous, et le pouvoir trop fort.
Depuis qu'il ne sert plus la défense commune,
Le sceptre n'a servi que sa propre fortune;
Affranchi du péril de nos rivaux anciens,
Il s'essaie à présent contre les citoyens.
Son audace s'accroît du peu de résistance;
Rome, trop tôt sauvée, a perdu sa constance,
Et, façonnée aux lois, n'a même plus au cœur
D'un peuple impolicé la sauvage vigueur.
Partout, dans nos maisons, nos repas, nos costumes,
S'étalent la mollesse et l'oubli des coutumes.
Le manteau militaire est trop lourd pour nos bras;
La ceinture elle-même est presque un embarras;
La pierre des palais succède aux murs de terre
Qui des rudes aïeux fermaient la chambre austère.
Toute force s'énerve en ce relâchement,
Et, de notre destin signe plus alarmant!
Cette vertu qui fuit longtemps après les autres,
La pudeur de la femme a péri chez les nôtres.
Enfin Rome se meurt, si, par un brusque effort,
Une crise ne vient l'arracher à la mort.
Pour la régénérer et lui redonner l'âme,
De son orgueil éteint pour rallumer la flamme,
Pour qu'elle sente en soi florir sa puberté,
Il n'est qu'un seul moyen, et c'est la liberté.
Cette seconde ardeur remplaçant la première,
Rome redeviendra tout énergique et fière.
Elle eût été chétive, esclave de ses rois;
Libre, elle soumettra l'Italie à ses lois.

VALÈRE.

Donc tu prétends qu'ici règne la multitude?

BRUTE.

Non, non ; ce nous serait une autre servitude.
Le peuple turbulent, qui suit sa passion,
Est une proie acquise à chaque faction.
Celui qui sait le mieux flatter l'aveugle masse,
Entraîne son suffrage, et gouverne à sa place,
Et les ambitions, mises en mouvement,
Ne produisent que trouble et que déchirement.
Laissons les sénateurs exercer leur tutelle :
A nos patriciens laissons leur clientèle.
Il convient d'élever, par-dessus tous les fronts,
Des hommes que leur rang désigne pour patrons,
Afin qu'en de tels choix le bas peuple consulte
Cet indice éclatant plutôt que le tumulte.
Conservons, en un mot, ce qui fut autrefois :
Je ne veux rien changer à Rome que les rois.

VALÈRE.

Poursuis.

BRUTE.

    J'ai visité le pays des Hellènes,
Fréquenté ceux de Delphe, et de Sparte, et d'Athènes,
A la fois consulté l'oracle d'Apollon,
L'oracle de Lycurgue et celui de Solon.
Sparte divise en deux l'autorité royale.
De ses deux rois rivaux la puissance est égale ;
En sorte que chacun, sur l'autre ayant les yeux,
Lui sert de frein au mal, et d'aiguillon au mieux.
Ainsi, l'un contient l'autre, et cet heureux partage
Tourne leur jalousie au commun avantage.
Mais un règne trop long fait des loisirs trop grands.
L'habitude du trône engendre les tyrans.
Il vaut mieux en cela suivre la loi d'Athènes :
Alors que la carrière a des bornes certaines,

L'ambition des chefs, ardente à s'illustrer,
Se hâte, et ne prend pas le temps de conspirer.
Aucun d'eux n'est tenté d'abuser de l'empire,
Car chacun à son tour craint de l'éprouver pire,
Sachant que le pouvoir lui glisse dans la main,
Qu'il commande aujourd'hui pour obéir demain.
Puisqu'ainsi chaque mode a son côté plus sage,
Je voudrais qu'on puisât dans l'un et l'autre usage,
Que Rome, comme Sparte, obéît à deux chefs,
Mais prescrivit un terme à leurs pouvoirs plus brefs,
Et, pour choisir le point qu'Athènes nous enseigne,
Dans le cercle d'un an bornât leur double règne.
Tel est mon plan, Valère, et je tiens pour certain
Qu'il prépare au pays un glorieux destin.
Tu connais maintenant mon sentiment intime;
Dis-moi s'il a ton blâme, ou s'il a ton estime.

VALÈRE.

D'Égérie elle-même, ô grand législateur!
Ton projet a reçu le souffle inspirateur.
Il est digne à la fois du pays et de l'homme,
D'être conçu par Brute, et pratiqué par Rome.

BRUTE.

Eh bien! à l'accueillir dispose les esprits;
Ils le serviront mieux, quand ils l'auront compris,
Et leur haine du joug en sera plus robuste,
Quand ils auront l'espoir d'un gouvernement juste.
Occupe à ces leçons notre moment d'arrêt.
Surtout de mon concours garde bien le secret.
Aucun homme que toi n'est dans ma confidence.
Va. J'aperçois Sextus. Laisse-moi par prudence.

(Valère sort. Brute se rassied. Sextus et Tullie entrent par la porte
latérale à droite.)

SCÈNE III.

BRUTE, SEXTUS, TULLIE.

SEXTUS.

C'est selon vous, Tullie, un récit mensonger;
Mais attendez. Voici l'homme qui va juger.
Bien que de sa raison le grossier crépuscule
Lui montre chaque point sous un jour ridicule,
Ses yeux sont bons pour voir ce qui frappe les yeux :
Son sens est d'un enfant, et n'en vaudra que mieux.
Prête l'oreille, Brute, et dis-nous si j'invente.
Je contais qu'égalant la déesse savante,
Lucrèce consumait au sein d'obscurs travaux
Un lustre de beauté qui n'a point de rivaux.
Mais en vain je m'écrie, en vain j'atteste Hercule,
Lucrèce, au port divin, rend Tullie incrédule.
Tes yeux furent témoins; je m'en rapporte à toi.

BRUTE.

Quand le berger troyen, le ravisseur sans foi,
Par qui devait périr la race paternelle,
Fut choisi pour donner la pomme à la plus belle,
Ce n'est pas à Pallas qu'il décerna le prix :
Le berger dissolu prononça pour Cypris.

SEXTUS.

Que dis-tu de Cypris, ô Brute, trois fois brute !
Parle-nous de Lucrèce.

TULLIE.

       Importante dispute !
Il sera bon d'apprendre à la postérité
Qu'un prince, un fils du roi Tarquin, a déserté,
Comme un mauvais soldat, le camp qui le réclame,

Pour venir s'assurer des beaux yeux d'une femme.
Voilà qui sied au sang dont vous êtes issu,
Qu'un descendant d'Énée, occupé d'un tissu,
Et mettant son orgueil à choisir de la laine,
Comme un autre Pâris, aux pieds d'une autre Hélène.

SEXTUS.

Tullie !

TULLIE.

Eh ! quoi ! Sextus, ne me disiez-vous pas
Qu'un travail domestique est pour vous plein d'appas,
Et le bruit des fuseaux n'a-t-il pas tant de charmes
Qu'il vous fait oublier ici le bruit des armes ?
Certes, votre Lucrèce a le cœur haut placé ;
Au niveau d'un esclave il se trouve haussé ;
Et, comme elle est savante à tenir la quenouille,
Devant un tel mérite il faut qu'on s'agenouille.
Pourtant, je me souviens d'avoir vu quelque part
Une vieille suivante, habile dans cet art,
Qui, mise à la besogne, eût pu se montrer digne
De disputer à l'autre une victoire insigne

SEXTUS.

Sans doute il convient mieux, et le lustre est plus grand,
D'avoir sa porte ouverte à tout premier entrant,
De savoir discerner le plus fort à la lutte,
Le danseur le plus souple, et la meilleure flûte,
D'être la plus adroite au jeu de l'osselet,
De se blanchir le teint par l'usage du lait,
Afin d'entendre dire à la foule empressée
Qu'auprès l'ivoire est pâle et la neige effacée,
De sourire à propos à tout ce qui se dit,
Le corps demi-couché sur les coussins d'un lit,
Appelant le zéphir par les plumes mouvantes
Qu'autour de leur maîtresse agitent les servantes,

Et les cheveux livrés aux porteuses de fleurs,
Instruites dans le soin d'assortir les couleurs;
Et je n'en connais point, en ce genre de gloire,
Qui vous puisse, Tullie, enlever la victoire.

TULLIE.

(A part.)   (Haut.)

O sarcasmes amers! J'admire la leçon;
Mais vous parliez jadis de toute autre façon.
Si je m'en souviens bien, vous traitiez d'âmes viles
Celles qui s'occupaient à des travaux serviles;
Vous vouliez qu'une femme, à vos regards charmés
Parût plus belle encor par des bains parfumés,
Par des tresses de fleurs nouant sa chevelure,
Par les attraits choisis d'une riche parure,
Et, laissant la quenouille à des doigts plébéiens,
Vécût pour les concerts et les gais entretiens.
Vous-même, à vos discours ajoutant votre exemple,
La ceinture plus lâche, et la robe plus ample,
Les cheveux oints, le front de myrte couronné,
Vous vous faisiez honneur du nom d'efféminé.
Vous goûtiez moins alors les mœurs de l'ancien âge.
D'où vient donc qu'aujourd'hui vous changez de langage,
Et qu'estimant si fort l'objet de vos mépris,
Ce que vous estimiez pour vous n'a plus de prix?
L'honneur, apparemment, en revient à Lucrèce!

SEXTUS.

En effet.

TULLIE.

Tout vous charme en votre enchanteresse.
Vous vous réglez sur elle, et tout ce qu'elle fait,
Vous déplaisant ailleurs, chez Lucrèce vous plait.
Ah! c'est que vous l'aimez!

SEXTUS.
C'est sa vertu que j'aime.

TULLIE.

J'ignorais, sur ce point, votre tendresse extrême.
Vous avez été lent à la faire éclater.

SEXTUS.

C'était faute d'objet qui la pût exciter,
Et Lucrèce en retire une gloire plus grande,
Elle en qui la sagesse ainsi se recommande.

TULLIE.

Je vous comprends. C'est bien! Ne vous contraignez pas.
Lucrèce vous attend. Courez-y de ce pas.
Pénétrez au secret de ce foyer avare,
Qui cache le trésor d'une vertu si rare;
Entrez dans cette enceinte où l'on prend tant de soins
A se fortifier contre l'œil des témoins,
Où l'on sait s'enfermer dans une ombre muette,
De tout plaisir prudent confidente discrète.
Allez. La pureté s'enfuit en frémissant
Du seuil où s'est posé votre pied flétrissant.
Innocente ou coupable, une femme est en faute
En face du public qui lui voit un tel hôte,
Et je prévois l'instant où, grâce à ce contact
Dont l'ombre souillerait le nom le plus intact,
Lucrèce me paîra, par sa honte éclatante,
L'affront de sa sagesse et sa gloire insultante,
Et tombera si bas qu'elle fera pitié
Même aux plus acharnés dans leur inimitié.
Allez donc. Ma vengeance en deviendra plus prompte.

BRUTE, à part.

O vertu! se peut-il qu'à ce point l'on t'affronte!

(Il se lève, et s'avance vers Sextus et Tullie.)

Vous m'avez consulté tout à l'heure, je crois?

Puisque vous m'avez pris pour juge, entendez-moi.
Est-ce que les brebis aux louves sont pareilles?
Est-ce que les frélons visitent les abeilles?
Non. Chacun suit la voie où l'entraînent ses goûts.
Pourquoi donc parlez-vous de Lucrèce entre vous?
Qu'avez-vous de commun? Je vous dis une chose :
Le silence est la loi que ce nom vous impose.

SEXTUS.

Vos derniers mots, Tullie, ont trop su m'informer
Qu'un hôte tel que moi vous pourrait alarmer.
Je me retire donc.

(Sextus sort)

SCÈNE IV.

BRUTE, TULLIE.

BRUTE.

Qu'en pensez-vous, Tullie?

Trouvez-vous que ce soit assez être avilie?
Qu'espérez-vous encor qui soit plus infamant?
Ne vous suffit-il pas des mépris d'un amant?
Et pour rassasier un cœur comme le vôtre,
Vous faut-il essayer des mépris de quelque autre?
Dites-moi donc, Tullie : est-ce là le tableau
Que devait éclairer le solennel flambeau?
Est-ce donc pour cela qu'à la main du flamine
Vous avez présenté le gâteau de farine,
Et, qu'offrant à Junon des victimes sans fiel,
Vous l'avez attestée, au devant de l'autel?
Quand, la tête voilée et ceinte de verveine,
La robe jointe au corps par un bandeau de laine,
La quenouille à la main, vous avez pénétré

Au delà de ce seuil à Vesta consacré,
Aviez-vous résolu d'en chasser la déesse
Par l'impie appareil de votre folle ivresse?
Si le ciel, qui voulut affaiblir ma raison,
M'interdit de régir moi-même ma maison,
Deviez-vous pas bien mieux soigner d'un œil austère
L'honneur dont vous étiez seule dépositaire?
Et combien votre nom serait-il rehaussé
Si vous aviez vécu pour le pauvre insensé!
C'était là le sujet d'une gloire suprême,
Et vous vous la deviez, si ce n'est à moi-même.
Vous pouviez surpasser Lucrèce; comparez
Quelle vous pouviez être et quelle vous serez.
Assez de honte ainsi! que tout cela finisse!
Il n'est plus qu'un moyen qui vous en affranchisse.
Tullie, écoutez-moi. Ce que je vous dirai
Par la seule pitié m'est pour vous inspiré.
Vous m'êtes, quant à moi, tellement étrangère,
Que mon indifférence a tué ma colère,
Et j'ai de toute aigreur fait un tel abandon
Que l'extrême dédain remplace le pardon.
Prenez donc mon conseil, comme je vous le livre,
Et vous verrez après si vous le devez suivre.
Moi, si j'avais commis quelque indigne action,
Je chargerais mon bras de ma punition;
J'expirais mon forfait par un fier sacrifice,
Plus grand, dans sa rigueur, que toute autre justice;
Je voudrais défier aucun ressentiment
D'oser plus loin que moi pousser mon châtiment;
Je voudrais, dût la mort être mon seul refuge,
Cacher le criminel dans la gloire du juge.

(Reprenant une attitude humble.)

Voilà ce que j'avais à dire.   (Brute sort.)

SCÈNE V.

TULLIE.

Ils sont partis;
Et je rappelle en vain mes sens anéantis.
J'entends encor Sextus, et j'entends encor Brute.
L'un me foule à ses pieds, lui qui causa ma chute;
Lui, qui de ma ruine est le premier auteur,
C'est lui qui le premier est mon accusateur.
L'autre... Prodige affreux gonflé de noirs présages!
Pour dicter mon arrêt, les fous deviennent sages.
Qu'il m'a paru grandi, quand sur mon front courbé
Grave comme la loi, son langage est tombé!
Oh! non, ce n'était plus la voix de la démence:
C'était l'écho profond de quelque oracle immense,
De Junon qui préside à la foi du serment,
Et ne la souffre pas enfreinte impunément.
On dit que, quand les dieux sous la forme vivante
Veulent aux cœurs mortels souffler une épouvante,
Ils empruntent les traits des enfants et des fous,
Afin que la terreur soit plus grande pour nous.
Ce fut ainsi. J'en crois cette horreur surhumaine,
Qui, jusque dans ma gorge, a glacé mon haleine.
Le ciel même a parlé, le ciel qui veut ma mort,
Pour se justifier de son courroux qui dort.
Je lui dois obéir.

SCÈNE VI.

TULLIE, UNE ESCLAVE.

L'ESCLAVE.

La salle est préparée,
Madame, et de feuillage et de roses parée.
Les mets sont sur la table, avec l'urne aux vins doux,
Et tous vos conviés n'attendent plus que vous.

TULLIE.

Il suffit. Allons donc porter dans cette joie
Le mensonge d'un cœur à l'amertume en proie.

(Elles sortent.)

FIN DU DEUXIÈME ACTE.

ACTE TROISIÈME.

La scène se passe sous le péristyle du palais de Tarquin, à Rome. A droite
et à gauche les murailles sont décorées de peintures héroïques et mytho-
logiques. Au centre de l'atrium on aperçoit l'autel de la louve romaine.
On entre par plusieurs portes latérales et l'on passe librement entre les
colonnes du devant. A gauche, sur le premier plan, une table chargée
de bijoux ; à droite, un trépied de bronze.

SCÈNE PREMIÈRE.

SEXTUS, SULPICE.

SEXTUS.

Ainsi, tu viens du camp, Sulpice, exprès vers moi ?

SULPICE.

Oui, seigneur, et voici le message du roi.

SEXTUS.

Donne. (Lisant.) « Mon fils Sextus, les longueurs de la guerre

« M'ont trop fait négliger le soin de notre terre.

« La mauvaise herbe en paix commence à l'usurper,

« Faute d'un laboureur soigneux de l'extirper.

« Dès lors tu feras bien de rester au domaine,

« Afin d'être attentif à la mauvaise graine. »

Je reconnais mon père à son style prudent ;

Il lui faut un devin plutôt qu'un confident.

Il cache sa pensée à l'aide des paroles.

Plus le sens est profond, plus les mots sont frivoles ;

Et, s'il veut une tête, il prend un air badin,

Et s'amuse à couper les pavots du jardin.

(A Sulpice.)

Sulpice, est-ce là tout ?

SULPICE.

Non. Le roi, votre père,
M'a dit encor : « Sextus aura l'œil sur Valère. »
Et, pour savoir quel vent souffle de ce côté,
Je suis chargé d'entrer dans son intimité.

SEXTUS.

Bon ! mon père toujours met les choses au pire ;
Au point où nous voilà qui veux-tu qui conspire ?
Ce n'est pas le sénat. Ce vieillard impuissant
Est purgé des humeurs qui lui chauffaient le sang.
Il comprend, aujourd'hui qu'il est devenu sage,
Que la tranquillité convient à son grand âge,
Et comme incessamment de ce corps tout cassé
Tombe quelque débris qui n'est pas remplacé,
Les membres s'en allant ruine par ruine,
Tout doucement bientôt s'éteindra la machine.
Quant au peuple, il se bat ou construit des égouts,
Et ne s'occupe pas de ce qu'on fait chez nous.
Il faut, pour exciter ses amours ou ses haines,
Comme Tarquin l'ancien, verser l'or à mains pleines.
Mais l'impôt a fermé les doigts trop généreux,
En délivrant chacun d'un luxe dangereux.
Nous avons, à nous seuls, la force et la richesse ;
Nous pouvons employer la crainte et la largesse ;
Où celle-ci ne peut nous créer des amis,
L'autre fait taire au moins les mécontents soumis.
D'ailleurs, où prendrait-on un chef à la révolte ?
Le trouble étant semé, qui ferait la récolte ?
Mon père a sagement pris ses précautions,
Et d'avance coupé la tête aux factions.
Des noms trop glorieux retranchant la menace,
Il a, la serpe en main, taillé dans chaque race.
La maison de Numa n'est plus qu'un souvenir ;

Celle d'Hostilius s'éteint sans rajeunir,
Et le sang du feu roi, tari jusqu'à sa source,
N'a que Brute le fou pour dernière ressource.

SULPICE.

Mais Valère peut-être.....

SEXTUS.

                    Un honnête orateur!
Qui s'amuse aux discours n'est pas conspirateur.
S'il se trouvait jamais quelqu'un qui fût à craindre,
Sulpice, celui-là saura se taire et feindre.
Il poussera devant les plus aventureux,
Et je garde ceux-ci pour voir par derrière eux.
Mais laissons cet aspect d'une époque lointaine;
D'un objet plus présent mon âme est toute pleine,
Et ton zèle y sera bien mieux utilisé
Qu'à poursuivre le fil d'un complot supposé.

SULPICE.

Dites. Mon œil épie, et ma bouche insinue :
Ma main frappe à coup sûr.

SEXTUS.

                    Lucrèce t'est connue,
La femme de Tarquin Collatin?

SULPICE.

                    Oui, seigneur.
On l'estime partout un modèle d'honneur :
On la cite en exemple.

SEXTUS.

                    Eh bien! cet honneur même,
Cette femme que tous admirent, moi je l'aime.
Je l'aime, entends-tu bien?

SULPICE.

                    Vous, seigneur!

SEXTUS.

Oui

SULPICE.

Mais quoi!

D'elle qu'attendez-vous?

SEXTUS.

Rien d'elle: tout de moi.
Dût Vesta l'animer, dût la chaste Lucrèce
Surpasser en rigueur Diane chasseresse,
N'importe. Mon amour ne peut être en défaut.
Je l'aime en furieux; je l'aime, il me la faut.

SULPICE.

Mais on dit qu'à l'abri de son foyer paisible
Toute séduction la trouve inaccessible.

SEXTUS.

Cela se peut. Mais moi, je veux tout surmonter.
Si je ne séduis pas, je saurai bien dompter.
Je veux ma passion acceptée ou subie.
J'ai bien pu, moi tout seul, m'emparer de Gabie!
Les remparts étaient sûrs, l'assaut désespéré,
Le roi se retirait; mais j'ai persévéré.
Moi-même, déchirant ma tunique salie,
Marquant de coups honteux mon épaule avilie,
J'ai couru vers les rangs des ennemis armés,
En invoquant les Dieux, vengeurs des opprimés.
« Gabiens! ai-je dit, écartant ma tunique,
« Voyez le triste effet d'un châtiment inique.
« Je suis fils de Tarquin. Ces coups déshonorants,
« Tarquin m'en a fait battre en face de nos rangs,
« Comme un esclave vil et comme un sacrilége,
« Pour avoir proposé d'abandonner le siége.
« Souffrez que je me venge, et vous venge avec moi,
« Moi d'un père inhumain, vous d'un voisin sans foi. »

C'est par de tels discours et cette ruse habile
Que je parvins enfin à surprendre la ville.
Vois donc ce que j'osai; par ce que j'entrepris,
Vois ce que j'oserai, quand Lucrèce est le prix.
Sulpice, il ne faut pas que le soleil revienne
Sans que par un moyen Lucrèce m'appartienne.
Écoute.

SULPICE.

Commandez, seigneur.

SEXTUS.

Prépare-toi.
Je vais à Collatie, et tu viens avec moi.
Prends soin d'interroger les femmes de Lucrèce,
Pour savoir quelle chambre habite leur maîtresse.
Si quelqu'une couchait au seuil, éloigne-la.
Charge-toi des présents et de l'or que voilà.
Séduis, trompe ou contrains; mais fais de telle sorte
Que personne ne dorme ou ne veille à la porte.
Plus qu'un mot : munis-toi d'un glaive et d'un flambeau,
Qu'un esclave te suive, et qu'il soit jeune et beau.
Va, maintenant; sitôt l'obscurité complice
Tu reviendras.... Et puis, que le sort s'accomplisse!

(Sulpice sort.)

Oui, j'atteindrai mon but, quoi qu'il doive arriver.
Il n'est aucun obstacle à qui l'ose braver.
Celui-là seul est grand et fort, qui peut se dire :
Jusqu'où mes vœux iront j'étendrai mon empire :
Plus je reculerai les bornes du désir,
Et plus j'aurai conquis d'espaces à saisir.
C'est s'égaler aux dieux. Leur éclatant exemple
Consacre chaque terre et vit dans chaque temple.
Le premier de nos rois n'a-t-il pas dû le jour
Aux autels profanés par un divin amour?

Lui-même, à la faveur d'une perfide amorce,
N'a-t-il pas demandé des hymens à la force,
Et, par ce crime heureux, prolongé nos destins
Qu'une pudeur timide eût à jamais éteints?
Nous sommes tous les fils d'un attentat immense;
De quel droit m'accuser si je le recommence,
Et si mon sang, ce sang par l'audace acheté,
Fait de l'audace en moi couler l'hérédité?

SCÈNE II.

SEXTUS, TULLIE.

TULLIE.

Sextus!

SEXTUS.
Quoi! vous Tullie! ici vous!

TULLIE.
Oui, moi-même.
Je viens vous demander un entretien suprême.
Je veux savoir, Sextus, sur quoi je dois compter,
Quel rang dans votre estime il me faut accepter;
Si je vous touche encore, ou bien si, dédaignée,
Je n'ai plus qu'à courber ma tête résignée,
Quelle est votre pensée, enfin.

SEXTUS.
Mon sentiment
Est que cette démarche est faite imprudemment,
Tullie. Avez-vous bien songé que l'aventure
Aux discours du public vous livrait en pâture,
Que votre nom en souffre.....

TULLIE.

Eh! laissez là mon nom :
N'en prenez pas souci, quand j'en fais abandon.
Vous en aviez jadis l'âme moins occupée ;
Et vous ne l'invoquez que comme une échappée.
Répondez franchement, et sans lâche détour :
Qu'étais-je avant pour vous, et que suis-je en ce jour ?
Parlez. Un mauvais acte est une double honte
Pour qui l'ose commettre, et n'ose en rendre compte.
Si vous ne m'aimiez point, si ce n'était qu'un jeu,
Ayez au moins le cœur de m'en faire l'aveu.
Soyez bravement traître. Assassinez en face,
Et non comme un voleur qui dans l'ombre s'efface.
Parlez donc.....

SEXTUS.

J'y consens. Puisque vous le voulez,
Mes secrets sentiments vous seront révélés.
Je n'affectai jamais cette vertu sévère
Que dans l'ancien Numa notre histoire révère ;
Je n'ai point hérité d'un père et d'un aïeul
L'appétit du pouvoir pour le pouvoir lui seul.
Je ne veux la puissance et ne veux la richesse
Que pour les atteler au char de ma jeunesse,
Et plus vite arriver par ces coursiers sans frein
Au bout des voluptés qui bordent mon terrain.
Partout où le plaisir s'offre à moi, je le cueille,
Soit qu'il pende aux festons de lierre, dont la feuille,
Dissipant les ardeurs du cécube embaumé,
Fait jouir plus longtemps de Bacchus désarmé ;
Soit que Vénus, penchant sa robe dénouée
Le verse dans le sein d'une amante enjouée.
J'aime tout ce qui plaît ; si bien qu'en vous aimant
Je me laissais aller à cet entraînement.

Mais je n'eus pas l'idée alors, qu'il m'en souvienne,
D'engager à jamais votre vie et la mienne.
Je me peignis l'amour, non pas voilé de pleurs,
Mais joyeux, souriant et couronné de fleurs,
Libre des clous d'airain de ces pesantes chaines
Dont Némésis unit les implacables haines,
Suivant sa fantaisie, et, toujours jeune et beau,
Fier du plaisir ancien en courant au nouveau.
Vous-même, il me sembla qu'un premier esclavage
Vous devait détourner d'un autre apprentissage,
Et que c'était assez des fers de votre hymen,
Sans attacher le cœur comme le fut la main.
Je le croyais ainsi, Tullie, et l'apparence
Venait entretenir en moi cette assurance.
Vous n'aviez pas ce front soucieux et chargé
Qui décèle un esprit sourdement ravagé ;
On ne vous voyait pas, dans une solitude,
D'un sein tumultueux cachant l'inquiétude ;
Mais sur vos conviés promenant au hasard
Le sourire éternel de votre clair regard,
Animant chaque fête, et, la face sereine,
Présidant aux festins dont vous étiez la reine.
Hier même, quand les luths, les chants et les propos
D'un bruit accoutumé réveillaient vos échos,
On n'eût pas deviné.....

TULLIE.

    Que faisais-je donc, traître,
Si ce n'est t'obéir? L'oses-tu méconnaître?
Pour qui tous ces repas prolongés dans la nuit?
Pour qui tous ces parfums, tous ces chants, tout ce bruit?
Dis : Était-ce pour moi? J'en étais obsédée.
N'est-ce donc pas toi seul qui m'as persuadée?
Je t'ai trop écouté. Sans toi, sans tes discours,

Je connaîtrais la paix qui fait les heureux jours;
Je saurais quels plaisirs habitent la retraite,
Et si l'humble existence a sa douceur secrète.
O paix que j'ai perdue! ô calme que j'ai fui!
Qui donc vous a fermé mon cœur? n'est-ce pas lui?
Oui c'est toi. Vers ton but dirigeant ma faiblesse,
Tu m'as conduite au crime à travers la mollesse;
Tes conseils corrupteurs préparaient ton pouvoir;
Tes désirs m'attendaient sur le seuil du devoir;
Et par de simples mœurs me craignant vertueuse,
Tu m'espérais coupable à me voir fastueuse;
C'est par tes soins qu'ici le bruit et la splendeur
Ont chassé le travail gardien de la pudeur.
Et tu viens maintenant m'en rejeter le blâme!
Va, j'avais déjà lu dans le fond de ton âme;
Tu cherchais un prétexte; et tes yeux, pleins d'ennui,
M'avaient su présager cet affront d'aujourd'hui.
Comme il me déchirait! comme il m'a fait entendre,
Si je doutais encor, ce que j'en dois attendre!
Ainsi, j'ai tout bravé pour lui plaire, à ce point
Que l'œil d'un fou s'émeut d'en être le témoin,
Je fais rougir un fou : ma honte est son ouvrage,
Et de railler encore il trouve le courage!
Quand j'écoute, attentive, il m'explique comment
Je ne fus qu'un moyen de divertissement!
Soyez flétri, Sextus, pour ce langage infâme!
Vous faites bassement d'outrager une femme
A qui, plus que jamais, votre respect est dû
Pour la dédommager du nom qu'elle a perdu.
Je n'ai plus qu'une chose à vous dire, et j'achève :
Du pied de vos dédains mon orgueil se relève;
Je renonce à la plainte, enfin. Persévérez;
Vous ne m'entendrez plus, — mais vous me reverrez.

Quand j'irai chez les morts, avant que d'y descendre,
Je prendrai mon courroux tout fumant dans ma cendre,
Et je l'emporterai du milieu du bûcher,
Comme le tigre emporte une proie à lécher.
Je parcourrai le Styx, caressant ma vengeance,
Pour mettre tout l'enfer dans mon intelligence,
Et le jour où sur vous planeront des malheurs,
Ce jour-là je promets mon ombre à vos pâleurs.

(En se détournant.)

Adieu. Viens maintenant, ô justice céleste!
Brute m'a condamnée : à moi le soin du reste!
Je me dois à moi-même un cruel châtiment
Pour me punir du choix de cet indigne amant.

(Elle sort.)

SEXTUS, seul.

Va-t'en donc chez Pluton chercher des dieux propices.
Pour moi, des dieux plus doux auront mes sacrifices.

SCÈNE III.

SEXTUS, LA SIBYLLE.

(Elle est voilée et vêtue de noir. Elle porte trois livres sous le bras
et une lampe à la main)

LA SIBYLLE.

Sextus!

SEXTUS.

Que me veux-tu? quel est ce parchemin?
Que viens-tu faire ici, cette lampe à la main?
Pourquoi ce sombre voile et ces habits funèbres,
Tels que l'on croirait voir la reine des ténèbres?

LA SIBYLLE.

Sextus!

SEXTUS.

Ta voix trahit un accent étranger.

LA SIBYLLE.

Je viens de loin. Un Dieu me force à voyager.
J'apparais une fois, messagère céleste,
A ceux qui sont livrés à quelque esprit funeste;
Je devance d'un jour l'heure des attentats
Qui marquent une époque et changent les États.

SEXTUS.

Qui donc es-tu?

LA SIBYLLE.

Je suis la sibylle de Cumes.
Tout le destin de Rome est dans ces trois volumes.
Apollon phrygien m'en a dicté les vers
Sur des bords reculés que baignent d'autres mers.
Tu veux savoir pourquoi je porte un voile sombre?
Parce que l'avenir se dérobe dans l'ombre.
Pourquoi ces vers? Je viens t'en offrir le dépôt.
Pourquoi ma lampe, enfin? Tu le sauras tantôt.
Lis...

(Elle présente un volume à Sextus, et pose sa lampe sur le trépied
de bronze à droite.)

SEXTUS, lisant.

« Rome, en l'an romain deux cent quarante-quatre,
« Et combattra sans vaincre, et vaincra sans combattre. »
Ton oracle, sibylle, a dit vrai sur un point :
Nous combattons Ardée, et ne triomphons point.
Mais quel est l'ennemi sur lequel, à t'en croire,
Rome doit conquérir une facile gloire?
Qui donc sera vaincu sans combat?

LA SIBYLLE.

Lis encor,
Et prends mes trois cahiers pour trois cents pièces d'or.

SEXTUS.

Trois cents pièces ! J'aurais trois palais pour la somme !

LA SIBYLLE.

Que sont tes trois palais, quand il s'agit de Rome !
Veux-tu ?

SEXTUS.

Non.

(La sibylle prend un des deux volumes qu'elle a gardés , et le fait brûler
au feu de sa lampe.)

SEXTUS

Que fais-tu ?

LA SIBYLLE.

Tu demandais pourquoi
Cette lampe brûlait : c'était pour cet emploi.
Apollon, dieu puissant, qui te plais au mont Cynthe,
Qui règnes sur Cilla la divine, et sur Smynthe,
Dieu, qui protéges Chryse et l'île de Claros,
Pour qui fume en cent lieux la graisse des taureaux,
Tu m'inspiras aux bords que le Pactole arrose,
Car tu lis l'avenir, et connais toute chose,
Et tu peux honorer de ce savoir divin
Le mortel préféré dont tu fais un devin.
De mes vers aujourd'hui reçois le sacrifice !
Considère leur cendre avec un œil propice !
Au feu je les dévoue en ton honneur, ô Dieu !
O Phœbus Apollon, Soleil, source du feu !
—C'en est fait. Maintenant, Sextus, tu peux poursuivre.
Insensé le mortel que son orgueil enivre,
Qui préfère un peu d'or aux pages du destin,
Qui, dans la nuit des temps, pose un pied incertain,

Et, quand un doigt sacré lui montre la lumière,
Pour en fuir la clarté, se rejette en arrière!
Lis, te dis-je.

SEXTUS.

Voyons où tout aboutira.

(Il lit.)

« En haut il est écrit que, quand le jour viendra,
« Le jour après lequel cinq autres jours encore
« Achèveront le mois que le Luperque honore,
« Et qui tire son nom du far mêlé de sel,
« Qu'un licteur désigné doit porter à l'autel...

(Interrompant sa lecture.)

Ce mois, c'est février! c'est le mois où nous sommes!

LA SIBYLLE.

Tu l'as dit.

SEXTUS.

Et ce jour, c'est demain!

LA SIBYLLE.

Tu le nommes.

Poursuis.

SEXTUS, lisant.

« D'un feu néfaste un Tarquin brûlera,
« Et l'époque des rois par lui s'accomplira. »
Qu'oses-tu prononcer!

LA SIBYLLE.

C'est le sort qui prononce.
Voilà ce qu'il t'enseigne.

SEXTUS.

Et voici ma réponse :
Que la menace vienne ou d'en haut, ou d'en bas,
Des mortels ou des dieux, je ne céderai pas.
Tu peux retraverser tes mers, ô pythonisse!
Mais plutôt, je comprends ton grossier artifice,

Tu n'es pas la sibylle; une prêtresse, toi!
Tes bandeaux usurpés avaient surpris ma foi.
Apollon est muet. Une amante irritée
A fait mentir du dieu la parole empruntée,
Et ses attraits vaincus s'arment de cette erreur,
Afin de ressaisir l'amour par la terreur.
Va, mendiante, et dis à celle qui t'envoie
Que de Sextus timide on n'aura pas la joie.

LA SIBYLLE.

Veux-tu mes deux cahiers pour trois cents pièces d'or?

SEXTUS.

Non.

LA SIBYLLE.

(Faisant brûler le cahier qui lui reste entre les mains.)

Suis ton frère au feu, prophétique trésor!
Quand Jupiter veut perdre un mortel, il commence
Par envoyer vers lui l'orgueil et la démence.

SCÈNE IV.

LES MÊMES, SULPICE.

SULPICE, à Sextus.

Seigneur, voici la nuit.

SEXTUS.

Bien. Nous allons partir.

SCÈNE V.

LES MÊMES, BRUTE.

BRUTE.

Sextus, je rentre au camp, et viens vous avertir.
M'accompagnez-vous?

SEXTUS.

Non, je reste encore à Rome.
J'ai certaine œuvre ici qu'il faut que je consomme.

BRUTE.

Les Romains feront bien de s'enfermer chez eux,
Sextus. Un prince oisif est parfois dangereux ;
Mais un prince affairé! le danger est bien pire.

SEXTUS.

Brute, retiens ta langue; elle en pourrait trop dire.

BRUTE.

Laissez. Nous nous devons entr'aider : c'est pourquoi
Je prends chez vous les traits dont vous riez chez moi.
Nous composons à deux une folie entière :
L'un fournit le langage, et l'autre la matière.
Comme vous agissez, moi je parle; et jamais
Je n'extravague mieux qu'en parlant de vos faits.

SEXTUS.

Félicite-toi donc; une bonne aventure
(Il montre la Sibylle.)
Au moment où je pars t'offre une autre pâture.
Regarde cette femme, au ténébreux manteau,
Qui semble s'enfumer à tenir un flambeau :
C'est une folle errante : elle parcourt le monde,
Pour rencontrer sans doute un fou qui lui réponde.
Vous pouvez faire assaut, l'un l'autre; et je ne sais
Lequel des deux l'emporte en propos insensés.
(S'adressant à la Sibylle, et lui rendant le livre qu'il a gardé jusqu'alors.)
Et toi, reprends ton livre, esclave ou pythonisse,
(A Sulpice.)
Et fais-en de la cendre à ton gré. Viens, Sulpice.
(Il sort avec Sulpice.)

SCÈNE VI.

BRUTE, LA SIBYLLE.

LA SIBYLLE, suivant des yeux Sextus qui sort.
Homme présomptueux! suis ton fatal chemin.
(A Brute.)
Salut, Brute, salut, premier consul romain!
Quand tu voudras savoir ce que le ciel ordonne,
(Elle lui tend le livre.)
Interroge ceci, Brute : je te le donne.

FIN DU TROISIÈME ACTE.

ACTE QUATRIÈME.

La maison de Tarquin Collatin. — Décoration du premier acte. —
Il est nuit.

SCÈNE PREMIÈRE.

LUCRÈCE, LA NOURRICE, ESCLAVES.

LA NOURRICE.

Ne laissez pas ainsi pendre en paix vos fuseaux,
Jeunes filles; chargez de laine vos roseaux.
Vous qui tressez les fils en croisant les aiguilles,
Faites courir vos doigts; hâtez-vous, jeunes filles;
Que la maille, ajoutée aux mailles, laisse voir
Le tissu dans vos mains s'allongeant chaque soir.
Hâtez-vous. Finissons cet habit militaire.

LUCRÈCE.

Le guerrier dort souvent sur une froide terre;
Ses membres sont glacés; il lui faut la chaleur
Que d'un bon vêtement lui ménage l'ampleur
Remplissez tour à tour et videz les corbeilles,
Et nous pourrons après diminuer nos veilles.
Cependant, dites-moi, car j'ai l'esprit troublé;
De ce qu'on fait au camp vous a-t-on pas parlé?
N'avez-vous rien appris? vous avez l'habitude
D'apprendre plus que moi, qui vis en solitude.

A-t-on vu Collatin? Parle-t-on de combats?
Combien vont à la guerre et n'en reviennent pas!
Quand donc Janus fermé, qui repeuple les villes,
Rendra-t-il leurs époux aux épouses tranquilles?

LA NOURRICE.

Pourquoi vous alarmer? Croyez-moi, chère enfant,
Vous reverrez bientôt Collatin triomphant.
Il reviendra, chargé d'une opulente proie
Qui fera vivre ici l'abondance et la joie.
Romulus le protége; et d'ailleurs les combats,
Peu dangereux aux chefs, ne le sont qu'aux soldats.

LUCRÈCE.

Ah! cet espoir est bon quand le chef est un lâche;
Mais Collatin n'est pas un homme qui se cache,
Et, derrière les rangs, abritant sa frayeur,
Se fasse un bouclier avec le déshonneur.
Il est chef pour se battre à la place première;
A lui, plus qu'au soldat, la guerre est meurtrière;
Et moi-même, après tout, j'aimerais mieux le voir
Noblement mort, qu'en vie et traître à son devoir.
Hélas! c'est ce qui fait mon orgueil et ma crainte.
De noirs pressentiments je me sens l'âme atteinte;
Des présages affreux viennent m'épouvanter.
Nourrice, écoute bien, je vais tout te conter.

LA NOURRICE.

Dites, ma chère enfant : jamais ceux qui sont sages
Ne doivent en effet mépriser les présages.

LUCRÈCE.

Hier, toute la nuit, une chienne a hurlé.

LA NOURRICE.

C'est un signe de mort.

LUCRÈCE.

Et les vents ont sifflé,

Et leurs funèbres voix, se traînant par la plaine,
Gémissaient, par moment, comme une voix humaine.

LA NOURRICE.

C'est un signe de deuil.

LUCRÈCE.

Et quoiqu'en plein hiver,
Dans le ciel a passé la rougeur d'un éclair.

LA NOURRICE.

C'est un signe de sang.

LUCRÈCE.

Signe trop manifeste !
Je recevrai bientôt un message funeste.

LA NOURRICE.

Non, non, pour Collatin vous craignez sans sujet.
Présente est la menace et présent son objet.
Nous protègent les dieux ! ici, c'est ici même
Que sur quelqu'un de nous plane l'heure suprême.

LUCRÈCE.

Ce matin, je sortais de ma chambre, et soudain
La porte que j'ouvrais, me repoussant la main,
Sans que par aucun vent elle parût chassée,
S'est fermée ; et j'en fus au pied gauche blessée.

LA NOURRICE.

Évitez de sortir. Ce choc doit présager
Que c'est par le dehors que viendra le danger.

LUCRÈCE.

Ah ! pour fuir le danger il n'est point de retraite :
Il pénètre avec nous dans la maison secrète.
Écoute encor. J'ai fait un songe cette nuit,
Sinistre, et dont l'horreur profonde me poursuit.
Tâche de l'expliquer, toi qui sais les traduire.

LA NOURRICE.

Le songe nous arrive afin de nous instruire,

Et Jupiter l'envoie, en avertissement,
Comme un avant-coureur d'un grand événement.
Les vrais songes, sortis de la porte de corne,
Pour longtemps, après eux, laissent notre esprit morne
On les distingue ainsi des songes qui sont vains;
Et leur secret langage est connu des devins.
Ma mère apprit cet art de savants interprètes,
Lorsque nous habitions le pays des Curètes.
Elle me l'a transmis, en ces temps déjà vieux
Où je m'asseyais libre au foyer des aïeux.
Mais le roi Servius, apportant le ravage,
Nous a ravi nos biens, et mis en esclavage.
Or, dites votre songe, et je l'expliquerai.

LUCRÈCE.

J'ai rêvé que j'entrais dans un temple sacré,
Au milieu d'une foule. On aurait dit que Rome
Poussait dans ce seul lieu jusqu'à son dernier homme;
Et, pour donner accès au flot toujours croissant,
Les murailles du temple allaient s'élargissant.
Alors à Romulus, pour le rendre propice,
Le prêtre quirinal offrit un sacrifice.
La victime choisie était devant l'autel,
Le poil déjà couvert de farine et de sel,
Et le prêtre déjà versait le vin du vase
Sur cet endroit du front où la corne a sa base,
Disant : « Dieu Quirinus, prends ces libations,
« Et que Rome soit grande entre les nations. »
Il se tut, et chacun frémit dans une attente.
Soudain on entendit une voix éclatante :
Tout le temple en trembla : « Loin de moi ces taureaux!
« Qu'ai-je à faire du sang des grossiers animaux?
« Je veux du sang humain. Il me faut en offrande
« Le sang pur d'une femme, et Rome sera grande. »

Ainsi parla le Dieu. Dans ce même moment,
Le taureau disparut sans que l'on sût comment;
Et je me trouvai, moi, sur l'autel étendue,
A sa place, attendant la hache suspendue...
Et comme j'étais la, pâlissante... un serpent
Sort d'un pilier qui s'ouvre, et s'avance en rampant,
Traînant par le pavé ses anneaux qu'il déploie
Lentement, longuement, comme sûr de sa proie.
Il monte... et sur mon corps colle ses nœuds glacés.
Je sentais mes cheveux affreusement dressés;
Ma chair se hérissait sous cette étreinte humide,
Mais ma voix s'étranglait dans mon gosier aride.
J'essayais de bouger, et je ne pouvais pas;
J'étais fixe d'horreur. Comme un immense bras,
Le monstre cependant m'enveloppe, puis lève
Sa tête d'où sortait un dard fait comme un glaive.
Il fixe sur mes yeux ses yeux, ardents flambeaux;
Il me souffle au visage une odeur de tombeaux;
Et son dard, savourant l'espoir de la blessure,
Sur mon corps qu'il parcourt médite sa morsure.
Je n'aperçus plus rien alors... Mon assassin
Avait fui, me laissant un glaive dans le sein.
Et, prodige nouveau! les gouttes ruisselantes,
Qui coulaient de mon cœur sur les pierres sanglantes,
Enfantaient en tombant de nombreux bataillons
Plus serrés qu'on ne voit les blés dans les sillons.
Et tous ces combattants, dont l'air était superbe,
Portaient pour leur enseigne, au lieu du faisceau d'herbe,
Une pique d'airain, avec un aigle d'or
Qui menaçait le sud, l'est, l'ouest et le nord.
Enfin je m'éveillai, si pleine de ce rêve,
Que je croyais sentir le froid aigu du glaive;
Qu'à présent même, encor, je crois que je le sens.

Nourrice, eh bien! peux-tu m'en expliquer le sens?

LA NOURRICE.

Avant que de répondre, il faut que je médite.
Cependant (le travail n'en ira pas moins vite :
Le chant sied au travail) je voudrais essayer
Si quelque douce voix vous saurait égayer.

(S'adressant à Laodice.)

O jeune esclave, née aux bords de l'Ionie,
A qui la muse grecque a donné l'harmonie,
Chantez vos anciens chants sur le mode latin,
Tandis que je poursuis les secrets du destin.

LAODICE, se levant, et prenant une lyre pendue à la muraille.

« Des hommes et des Dieux monarque taciturne,
« Le sommeil fait couler la liqueur de son urne,
« Et la molle langueur, aux charmes pénétrants,
« Chasse des cœurs mortels les soucis dévorants.
« C'est l'heure où sur les monts, ceints de forêts bruyantes,
« Sortent de leurs abris les biches confiantes :
« Elles ne craignent plus que la vierge des bois
« Les poursuive des traits dont sonne son carquois;
« Car, bel Endymion, aux monts de Thessalie,
« C'est toi qui tiens Diane et ses traits qu'elle oublie.
« Suave est le sommeil qui succède à l'effort;
« Mais ce fils de la nuit est frère de la mort.
« Plus d'un, qui s'endormit au milieu d'un sourire,
« Ne se réveillera que dans le sombre empire;
« Il ne reverra plus ni le jour radieux,
« Ni son plus cher ami qui n'eut pas ses adieux... »

LA NOURRICE.

Malheureuse, tais-toi! ton chant est plein d'alarmes.

L'ESCLAVE.

Hélas! je projetais des paroles sans larmes;
Mais ma langue se meut sous un fatal pouvoir.

LUCRÈCE.

Indices effrayants! que faites-vous prévoir?

SCÈNE II.

LES MÊMES, SEXTUS, SULPICE.

SEXTUS.

Lucrèce... mais pourquoi ce mouvement de crainte?
Sur vos traits consternés quelle pâleur empreinte!
Calmez-vous. Ce n'est point un messager de deuil;
Ce sont des pieds amis qui touchent votre seuil.

LUCRÈCE.

Mon hôte, pardonnez aux frayeurs d'une femme.
Vos pas inattendus m'ont retenti dans l'âme.
Soyez le bienvenu, cependant.

SEXTUS.

              Je viens tard;
Mais je n'ai pas été maître de mon départ,
Et suis venu, bravant l'heure inaccoutumée,
Pour vous parler plutôt d'une personne aimée,
De Collatin.......

LUCRÈCE.

          Dieux bons! Collatin, dites-vous!
Que fait-il? que veut-il? ami de mon époux,
Deux et trois fois heureuse une telle visite!
Que savez-vous de lui, Sextus? Dites-moi vite.

SEXTUS.

J'ai hâte de répondre à cet empressement;
Mais faites retirer vos femmes un moment.
Nous devons être seuls.

LUCRÈCE, à la nourrice.

         Laisse-nous donc, nourrice;

Emmène en même temps les femmes.

SEXTUS, à Sulpice.

Sors, Sulpice

(Tous sortent, excepté Lucrèce et Sextus.)

SCÈNE III.

LUCRÈCE, SEXTUS.

LUCRÈCE.

J'écoute maintenant.

SEXTUS.

Qu'heureux est Collatin!

Qu'opulente est pour lui l'urne d'or du destin!
Et que pour lui l'aurore abondamment étale
Les jours blancs que contient sa robe orientale!
Une bonne déesse, aussitôt qu'il fut né,
Sur lui jeta sans doute un regard fortuné;
Car est-il un trésor qu'envirait, ô Lucrèce!
Le mortel enrichi de vos dons de tendresse?
Quelle douceur plus propre à bien l'encourager
Que votre cœur qui bat au bruit de son danger;
Qui, tout entier, le suit au milieu des alarmes,
Préparant au blessé le baume de ses larmes,
Et du vainqueur joyeux caressant le retour
Par des soins délassants et des propos d'amour?
Oh! que j'échangerais la royale couronne
Contre vos doux regards dont son front s'environne,
Et la robe de pourpre et de neige des rois,
Contre ce simple habit que lui filent vos doigts!
S'il m'eût été donné d'avoir ce bonheur rare,
Je m'y fusse attaché par une étreinte avare.
Ce ne serait pas moi qu'on verrait employer.

Dans les loisirs des camps, les jours dus au foyer.....

LUCRÈCE.

Un Romain doit aller où Rome le demande,
Sextus, et tout quitter quand le pays commande.
Ainsi fait Collatin, et c'est dignement fait.
Mais ne parliez-vous pas d'un message?

SEXTUS.

En effet.

Je m'en souviens. J'avais perdu toute mémoire;
Car je suis plus troublé que vous ne sauriez croire,
O Lucrèce! J'admire et j'envie à la fois
Et tout ce que j'entends et tout ce que je vois;
Cet aspect imposant du vestibule antique,
Familier à Vesta, la déesse pudique;
Ce foyer solitaire, où nul bruit de gaité
Des lares paternels n'émeut la gravité;
Ces corbeilles, ce lin, la lampe sérieuse,
Qui dérobe au sommeil l'heure laborieuse,
Et d'où Pallas, aimant à descendre sans bruit
Près de l'huile employée aux travaux de la nuit,
S'étonne, et, vous voyant et si sage et si belle,
Craint qu'on n'adore un jour une Pallas nouvelle.
Que vous dirai-je enfin? Plein d'un respect pieux,
Je me crois dans un temple occupé par des dieux,
Et vous m'apparaissez, dans la foule divine,
Comme une reine auguste, et dont le front domine.

LUCRÈCE.

Mais mon mari, Sextus, vous venez en son nom.
Parlez de mon mari; que veut-il?

SEXTUS.

Eh bien! non.

Je ne viens pas pour lui.

LUCRÈCE.

Que venez-vous donc faire?
Et que m'avez-vous dit?

SEXTUS.

Qu'une importante affaire.....
Mais non, c'est trop tarder. J'ignore Collatin,
Et l'armée, et les chefs, et Rome et son destin.
Je ne connais ici que vous et que moi-même.
Je viens vers vous... je viens... parce que je vous aime...

LUCRÈCE.

Ah! dieux immortels !

SEXTUS.

Oui , je vous aime; souffrez
Que je m'explique enfin , et vous me répondrez.
Je vous aime, du jour qui m'a rendu votre hôte.
Collatin m'amena; ce ne fut pas ma faute.
J'ignorerais encor , sans son fatal orgueil,
Quels bouleversements peut produire un coup d'œil.
Votre image me suit; ma mémoire obstinée
Partout m'offre Lucrèce au travail adonnée;
Absente je vous vois comme je vous vois là :
Je ne vois plus que vous. Au point où me voilà,
A faire effort sur moi mes luttes seraient vaines.
Je n'y puis rien. Vénus a pénétré mes veines.
Pareil au loup blessé par l'épieu du chasseur,
J'emporte, en le mordant, un trait mortel au cœur;
Et je comprends, au feu dont tout mon sang s'allume,
Qu'il faut, ou qu'on l'apaise, ou bien qu'il me consume.

(Lucrèce, qui pendant ce discours a gardé un visage sévère, fait un mouvement comme pour parler.)

Patientez encore. Habitués aux cieux,
Un amour souterrain n'attire pas vos yeux;
Vous marchez au soleil, et votre front sublime

Rougirait de la feinte aussi bien que du crime.
Mais voici mon dessein : Rome a besoin de bras ;
Un hymen infécond l'appauvrit en soldats ;
Votre stérilité se prêtant au divorce,
Tarquin à votre époux le dictera de force,
Et rompra ces liens au pays odieux
D'où Lucine ennemie a détourné les yeux.
Tous deux libres alors par un divorce double,
L'hymen refleurira sur nos amours sans trouble.

(Lucrèce fait encore un mouvement.)

Eh ! quoi donc ! Collatin vous a-t-il su charmer ?
Mais vous ne l'aimez pas, vous ne pouvez l'aimer.
Lucrèce n'aimera qu'un homme qui la vaille ;
Et votre Collatin n'est pas à votre taille,
Lui, qui du sang royal, s'appelant Collatin,
N'a pas, malgré cela, fait peur au roi Tarquin ;
Qui, d'un bien précieux secret propriétaire,
Vient triomphalement en livrer le mystère.
Cet homme est trop petit pour remplir votre cœur ;
Vous n'honorez en lui que votre propre honneur.
Encore un mot : à vous je peux et veux tout dire.
C'est à moi que Tarquin laissera son empire ;
Car je le comprends, seul ; seul, je puis achever
L'édifice hardi qu'il tente d'élever.
Ne vous méprenez point sur ma joyeuse vie.
Par mes amusements mon idée est servie.
A de faciles mœurs les Romains façonnés
Apporteront au joug des fronts moins étonnés,
Et les nouveaux besoins que je leur fais connaître
Suspendront leurs espoirs au sourire du maître.
Concevez quel éclat et quelle majesté
Dans cette souveraine et pleine autorité !

Il est beau d'être roi, quand, du haut de son geste,
Un seul homme, à son gré, fait mouvoir tout le reste;
Et, de ses volontés ignorant les confins,
Étouffe d'un seul mot les frémissements vains.
Une telle grandeur sied à votre courage,
Lucrèce : prononcez, et je vous la partage.
Nos plans sont faits : Tarquin et moi sommes d'accord :
Je saisirai le sceptre au moment de sa mort :
Je saurai, comme lui, me passer des auspices,
Et déshabituer Rome de ses comices.
Je serai roi, vous dis-je, et vous, Lucrèce, vous,
Reine.

LUCRÈCE, après la première émotion; elle a écouté froidement.

     Je serai, moi, fidèle à mon époux.
Je vous laissai parler, me refusant à croire
Qu'on poussât jusqu'au bout cette trahison noire;
Qu'un parent, qu'un ami, qu'un hôte méditât
Contre son hôte absent cet énorme attentat;
Et qu'un dessein si faux pût séjourner dans l'âme,
De visiter quelqu'un pour lui prendre sa femme.
Vous vous trompez. J'estime et j'aime mon mari.
Vos dédains à mes yeux ne l'ont pas amoindri :
Il est plus grand que vous, car de vous il diffère
En ce qu'il n'eût pas fait ce que vous osez faire.
Enfin, je l'aime assez pour ne divorcer point,
Quand ce ne serait pas chose impie à ce point.
Je ne vous suivrai pas dans votre politique,
Étant trop peu versée en affaire publique.
Si j'ai compris pourtant, vous prenez un moyen
Qui n'est ni d'un bon roi, ni d'un bon citoyen.
Il vaut mieux corriger les mœurs que les corrompre,
Illustrer qu'avilir. Mais, enfin, et pour rompre,

Je ne veux point de part à votre royauté.
Méritez d'être roi par plus de loyauté.
Adieu.

SEXTUS.

Vous me fuyez!

LUCRÈCE.

Je fuis une autre insulte.

SEXTUS.

Par l'hospitalité!

LUCRÈCE.

Vous en souillez le culte.

SEXTUS.

Par mon amour!

LUCRÈCE.

Assez. Plus un mot là-dessus.

SEXTUS.

Craignez mon désespoir.

LUCRÈCE.

Je crains la honte plus.

Adieu.

SEXTUS, avec éclat de voix et d'un ton menaçant.

Non, arrêtez!...

(Moment de silence. Lucrèce effrayée, mais majestueuse. Sextus,
dominé par le regard de Lucrèce, passe de la menace au respect.)

Lucrèce, épouse sainte!...

N'ayez aucune peur, et pardonnez ma feinte.
Au triomphe récent, qui vous était bien dû,
Je n'étais pas encor complétement rendu.
Dans mes propres foyers la même expérience,
Hélas! avait trop su flétrir ma confiance.
Vous avez noblement et par deux fois vaincu :
L'épreuve est consommée, et je suis convaincu;
Et j'entends que ma bouche elle-même révèle

Demain à Collatin cette gloire nouvelle.

LUCRÈCE.

Pour votre honneur, Sextus, je le veux prendre ainsi,
Mais je ne puis rester plus longtemps seule ici.
L'épreuve a dépassé la borne; et la décence,
Après ce qui s'est dit, s'oppose à ma présence.

(Elle sort.)

SCÈNE IV.

SEXTUS, SULPICE, s'avançant vers Sextus, sur le devant de la
scène, UN ESCLAVE, qui reste dans le fond.

SEXTUS, d'un air distrait.

Sulpice, te voilà. Tout est-il préparé?

SULPICE.

Oui, seigneur.

SEXTUS.

            Tout est prêt, dis-tu. J'aviserai.
Vainement je m'étonne, et m'indigne, et m'excite;
Quand il faut tout oser, il semble que j'hésite.
Tu n'as pas, comme moi, vu quel air de grandeur
A Lucrèce offensée imprimait la pudeur,
Et quelle majesté, rayonnant dans son geste,
Couronnait de terreur son port simple et modeste.
Une auguste colère éclatait dans son œil,
Qui de mon œil vaincu faisait baisser l'orgueil;
Son silence pesait sur ma langue oppressée
Où mourait impuissant l'effort de ma pensée;
Et, venu pour frapper son esprit, c'était moi
Qui d'un respect nouveau reconnaissais la loi.

Où donc la chasteté prend-elle cet empire,
Que devant un regard ma hardiesse expire?

SULPICE.

Ainsi vous comptiez trop sur vous-même, tantôt,
Quand vous disiez : Je veux Lucrèce; il me la faut.
Le cœur vous a failli.

SENTUS.

Qu'elle est fière, Sulpice!

SULPICE.

Vos vœux impatients hâtaient l'heure propice,
Et, pour les dissiper, il suffit d'un regard?
Eh bien! nous faudra-t-il apprêter le départ,
Seigneur? Acceptez-vous la défaite?

SENTUS.

Demeure.

D'étranges souvenirs me viennent, à cette heure.
J'entends dans ma mémoire un retentissement
Que réveillent la nuit et le recueillement.
Cette sombre sibylle... Eh quoi! d'un sot mensonge
J'écoute en frissonnant la voix qui se prolonge?
Ai-je donc un écho dans ces angles obscurs?
On dirait que l'horreur voltige sur ces murs,
Et que tous mes esprits s'en pénètrent... Sulpice,
Jusqu'où des visions peut aller le caprice!
J'entrevis tout à l'heure, ici, vers cet endroit,
Une ombre me faisant un signe avec le doigt,
Et, si j'avais pu croire à ma vue affaiblie,
Sa forme eût rappelé la forme de Tullie.
Bah! Tullie, appelant d'heureux songes, s'endort
Dans les bras du sommeil et non pas de la mort.
J'aurai prêté ses traits à quelque ombre bizarre.
Mais enfin, quand ce sol vomirait le Ténare!

Sibylles, maudissez! Mânes, rassemblez-vous!
Je brave votre haine et vous domine tous. .

    (A Sulpice.)

Viens. Je m'enorgueillis de la terreur promise.
Les enfers opposés haussent mon entreprise.

FIN DU QUATRIÈME ACTE.

ACTE CINQUIÈME.

La maison de Tarquin Collatin. Même décoration qu'à l'acte précédent :
quatre siéges sont disposés : trois sont occupés par Collatin, Valère et
Brute ; le quatrième est vide. — Il est jour.

SCÈNE PREMIÈRE.

COLLATIN, BRUTE, VALÈRE.

(Ils sont assis.)

VALÈRE, montrant à Collatin le siége inoccupé.

Pour quel autre ce siége a-t-il été placé ?
Et qui donc est encore attendu ?

COLLATIN.

Je ne sai ;

Mais j'aperçois de loin un vieillard qui s'empresse,
Un auguste vieillard, le père de Lucrèce.

(Entre Lucrétius. Tous se lèvent.)

SCÈNE II.

LES MÊMES, LUCRÉTIUS.

LUCRÉTIUS.

Parlez, ô mes enfants, rassurez un vieillard.
Qu'est-il donc arrivé ? Ne viens-je point trop tard ?

(Lucrétius s'assied. Les autres personnages sont debout, et l'entourent.)

Je vivais retiré, dans une paix profonde ;
Car ma vie à présent est inutile au monde.
J'ai servi mon pays jadis ; mais je suis vieux,
Et vous laisse ce soin à vous qui faites mieux.

Voilà que, ce matin, j'ai reçu la nouvelle
Que ma fille instamment m'appelait auprès d'elle.
Savez-vous ce que c'est?

COLLATIN.

Non; vous nous voyez tous,
O vieillard vénérable, incertains comme vous.
Comme vous, ce matin, j'ai reçu, sous ma tente,
Un exprès envoyé pour affaire importante.
Lucrèce, m'a-t-il dit, me mande accompagné
De Brute, et d'un ami par Brute désigné.
Brute, en passant par Rome, a pris Valère; au reste,
L'événement est-il favorable ou funeste,
Je l'ignore. Lucrèce a dit d'attendre ici;
Qu'elle viendra quand tous y seront.

VALÈRE.

La voici.

SCÈNE III.

LES MÊMES, LUCRÈCE, couverte d'un voile noir jeté sur ses habillements.

LUCRÉTIUS, qui s'est levé, et s'est avancé vers Lucrèce.
Quoi! les cheveux épars! les yeux baissés à terre!
Un noir habillement! quel terrible mystère!
Ma fille! Elle se tait; des pleurs voilent son œil.
Qui pleures-tu?

LUCRÈCE, après un silence.

Moi-même, et je porte mon deuil,
Le deuil de mon honneur.

COLLATIN.

Lucrèce, quel langage!

LUCRÉTIUS.

Je n'ose soupçonner les malheurs qu'il présage.

COLLATIN.

Lucrèce, parle-moi, ma noble femme !

LUCRÈCE.

Non,
Je ne suis plus ta femme, et n'en veux plus le nom.
Morte est l'épouse.

COLLATIN.

Morte est l'épouse !

LUCRÈCE.

Qu'importe
Que le corps soit vivant quand la pudeur est morte ?
Tu n'as devant les yeux qu'un corps déshonoré.
Pourtant mon âme est pure, et je le prouverai.
Écoute, Collatin ; écoutez, vous, mon père,

(Elle prononce, avec une intention plus marquée, le nom de Junius.)

Vous aussi, Junius, et vous aussi, Valère.
Jurez par votre droite, et donnez votre foi
Que le crime a semé sa vengeance après soi.

TOUS, tendant la main droite.

Nous le jurons.

LUCRÈCE.

Sextus, Sextus est le coupable.
C'est lui qui déchaîna cet orage effroyable,
Contre moi ; contre lui, si vous avez du cœur.

BRUTE.

Oh !

COLLATIN.

Sextus !

VALÈRE.

Achevez.

LUCRÈCE.

Sous un motif trompeur,
Hier, il est venu par l'heure ténébreuse.
Je l'ai reçu. C'était un hôte. O malheureuse !

La nuit, quand je dormais, il vint droit à mon lit.
Je m'éveille. Il avait une épée, et me dit,
A l'endroit de mon cœur portant la lame nue :
« Si vous ne cédez pas, Lucrèce, je vous tue;
« Et de ce même fer, dans votre sein plongé,
« J'irai tuer en bas un esclave que j'ai.
« Je l'apporterai mort à côté de vous morte,
« Et dirai qu'entendant du bruit j'ouvris la porte;
« Qu'ayant surpris par là votre amour clandestin,
« J'ai satisfait sur vous mon parent Collatin.
« Ainsi, votre trépas faisant votre souillure,
« Vous laisserez un corps privé de sépulture. »

BRUTE.

Oh!

COLLATIN.

Perfide Sextus!

LUCRÉTIUS.

O déplorable enfant!

VALÈRE.

Détestables Tarquins!

LUCRÈCE.

Il s'en fut triomphant.
Je n'ai pas craint la mort; j'ai craint l'ignominie.
Ma mort à ce moment servait la calomnie,
Et, chargeant l'innocent d'un opprobre éternel,
De son impunité flattait le criminel.
Voilà pourquoi je vis. Une peine m'est due;
Mais justice à chacun sera du moins rendue.
J'ai voulu vivre assez pour qu'on sût aujourd'hui
Que la peine est pour moi, mais la honte pour lui.

COLLATIN.

Que parles-tu de peine, épouse magnanime!
Ce n'est pas au malheur qu'on la doit, c'est au crime.

Ne te reproche rien : tu n'as rien fait de bas.
La faute ne peut être où le dessein n'est pas.
Le lit fut profané; mais l'épouse est sans blâme,
Et l'affront de ton corps n'atteignit pas ton âme.
Elle en paraît plus grande encore, et je ne veux,
Pour cet enseignement, que tes propres aveux.
Quelle autre eût proclamé sa tache involontaire?
Quelle autre eût fait juger ce qu'elle aurait pu taire?
La honte est glorieuse à s'étaler ainsi;
L'éclat de sa rougeur rend tout autre obscurci.
Je t'aime malheureuse, et t'honore outragée;
Va. Sois en paix d'ailleurs; tu seras bien vengée.

LUCRÉTIUS.

Redresse-toi, ma fille, et lève ton regard;
Car moi, qui parle en père et qui parle en vieillard,
Je te dis que tu peux nous regarder en face.
Toute tache s'en va quand mon baiser l'efface.

(Il la baise au front.)

Qui blâme quand j'absous?

LUCRÈCE.

      Merci, mon père, et toi,
Collatin. Mais il reste un juge.

COLLATIN.

      Et qui donc?

LUCRÈCE.

      Moi.
Je m'absous du forfait, et non pas du supplice.
Il ne faut pas qu'un jour, des désordres complice,
Mon exemple devienne un prétexte invoqué,
Quand aux devoirs d'épouse une autre aura manqué.
Vous verrez à punir Sextus, et je l'approuve.
Moi, j'ai dit n'avoir pas craint la mort; je le prouve.

(Elle se frappe d'un poignard qui était caché dans ses vêtements
et tombe.)

COLLATIN.

O Lucrèce!

LUCRÉTIUS.

O ma fille!

COLLATIN.

O ma femme!

VALÈRE.

O puissant
Jupiter!

LUCRÉTIUS.

Elle est morte.

COLLATIN.

Oui, morte.

BRUTE.

(Il prend le poignard, qu'il retire du corps de Lucrèce, et le
tenant devant lui.)

Par ce sang,
Le plus pur qui jamais coula chez une femme,
Avant d'avoir été souillé par un infâme,
Je jure, et je vous prends à témoin du serment,
Vous tous, Dieux immortels! que, depuis ce moment,
Je poursuivrai partout, par le feu, par le glaive,
Par ce que je pourrai, sans relâche, sans trêve,
Tarquin, ses fils, sa femme et toute sa maison;
Que je délivrerai Rome de ce poison,
Et que je briserai si bien sceptre et couronne,
Qu'il n'en restera plus pour lui ni pour personne.
A partir d'aujourd'hui, Rome n'a plus de roi.
Vous, cessez de gémir, et dites comme moi.

(Il tend le poignard aux autres.)

VALÈRE.

Ah! voilà Junius!

COLLATIN.

Prodigieux miracle!

VALÈRE.

La fortune de Rome a rendu son oracle.

COLLATIN.

O toi, qui que tu sois, qui confonds mon esprit,
Donne, afin que je dise ainsi que tu l'as dit.

(Il prend le poignard et l'élève.)

Dieux immortels! soyez témoins. Par cette lame,
Je déclare la guerre aux bourreaux de ma femme.
Comme ils furent sans frein, je serai sans pitié.
Je les écraserai de mon inimitié.
Je saperai leur trône au fond de ses racines,
Pour te faire, ô Lucrèce, un bûcher des ruines.
A toi, Valère!

VALÈRE, prenant le poignard.

Dieux! je vous donne ma foi :
Si j'épargne Tarquin, que je périsse!

LUCRÉTIUS, prenant le poignard.

A moi!

BRUTE, à Valère.

Cours, assemble le peuple.

(Valère sort.)

LUCRÉTIUS.

Enfants, faites silence;
Car je veux mettre aussi mon poids dans la balance.
Ne me dédaignez pas pour mes genoux tremblants;
Je n'ai plus ma vigueur, mais j'ai mes cheveux blancs.
Mon bras ne peut frapper, mais ma voix peut maudire.
O vous, dieux punisseurs, dieux du profond empire!
S'il est vrai que de ceux qui sont chargés de jours
Les imprécations ne vous trouvent pas sourds,
Que l'assassin errant, promenant sa misère,
Connaisse les rigueurs de la terre étrangère;
Qu'il y cherche partout un secours impuissant,

Et pleure autant de pleurs qu'il a versé de sang!

BRUTE.

(Il reprend le poignard, et s'approche du corps de Lucrèce.)

Ainsi soit apaisée, innocente victime,
Ton ombre, par ces vœux expiateurs du crime!

(A Collatin et à Lucrétius.)

Maintenant, fermons lui les yeux avec les doigts,
Et, comme c'est l'usage, appelons-la trois fois.

(Lucrétius et Collatin s'approchent aussi du corps de Lucrèce.)

Entends-nous, ô Lucrèce!

LUCRÉTIUS.

O Lucrèce!

COLLATIN.

O Lucrèce!

(Tumulte au dehors. — Rentre Valère.)

VALÈRE, à Brute.

La foule est rassemblée : elle est là qui se presse :
Elle assiége le seuil : Que faut-il faire?

BRUTE.

Viens.

Que les portes lui soient ouvertes.

(Brute et Valère écartent les tentures qui ferment les portes du fond de
la chambre, et vont, dans la cour, ouvrir la porte du dehors à la foule.
Le peuple se précipite sur le théâtre.)

SCÈNE IV.

LES MÊMES, CITOYENS.

BRUTE.

Citoyens!

UN CITOYEN.

C'est Brute l'insensé!

AUTRE CITOYEN.
        Qu'est-ce qu'il va nous dire?
PREMIER CITOYEN.
Écoutons-le parler, il va nous faire rire.
BRUTE.
Brute insensé n'est plus, et le Brute insensé
Par le Brute vengeur se trouve remplacé.
Afin de me sauver j'ai cessé d'être un homme,
Mais je le redeviens afin de sauver Rome.
Tournez, ô citoyens, vos yeux de ce côté :
Voyez, voyez ce corps!
VALÈRE.
        Ce corps ensanglanté!
BRUTE.
C'est le corps de Lucrèce...
VALÈRE.
            O destinée affreuse!
BRUTE.
De la plus noble femme et la plus malheureuse.
Apprenez que chez elle, un homme, cette nuit,
Un nocturne larron, comme un hôte introduit,
A, l'épée à la main, la menace à la bouche,
Honteusement pillé la pudeur de sa couche.
Il l'a déshonorée à main armée.
CITOYENS.
            Horreur!
BRUTE.
Elle n'a pas voulu vivre plus que l'honneur,
Et, ce matin, fiant sa vengeance à la nôtre,
Elle a puni sur soi l'indignité d'un autre.
Ce poignard que je tiens, et d'où tombe du sang,
Je viens de le tirer moi-même de son flanc.
LUCRÉTIUS.
Hélas! ma pauvre fille!

VALÈRE.

Entendez-vous son père?

BRUTE.

Il ne faut pas le plaindre, il faut le satisfaire.
Un homme est à punir.

VALÈRE.

Meure l'homme odieux!

CITOYENS, avec fureur, et en s'avançant vers Brute.

Son nom! Son nom!

BRUTE.

Sextus, fils du roi Tarquin.

CITOYENS, avec effroi, et en se retirant.

Dieux!

BRUTE.

Oui, fils du roi Tarquin. Par un coup aussi traître,
Le fils du roi Tarquin se fait assez connaître.
* Cette œuvre de Sextus montre assez qu'il descend [1]
* D'une race où le crime est transmis dans le sang.
* Songez, Romains, songez comme, dès son jeune âge,
* Tarquin, de crime en crime, a monté par étage.
* Voyez-le devant vous dans toute sa noirceur :
* Incestueux d'abord avec sa belle-sœur,
* Ensuite, empoisonnant son épouse et son frère,
* Se hâtant sur leurs corps vers le lit adultère,
* Et, veuf la veille, époux nouveau le lendemain,
* Au feu de deux bûchers rallumant son hymen,
* Et ne se lassant pas, que sa marche intrépide
* N'eût, par-delà le meurtre, atteint au parricide.
* Faut-il vous rappeler l'horrible assassinat
* Du bon roi Servius, arraché du Sénat,
* Emporté par son gendre, et, du haut du portique,

---

[1] Les vers marqués d'un astérisque sont supprimés à la représentation.

« Jeté, comme un faix vil, sur la place publique ;
« Et ses membres brisés essayant quelques pas
« Et Tarquin l'achevant par le fer des soldats ;
« Et cette fille qui, de Tarquin digne femme !
« Fit, sur son père mort, passer un char infâme,
« Tellement que la rue, en expiation,
« Se nomme *scélérate* ainsi que l'action ?
« O déesses d'enfer, terribles Euménides !
« O vous qui châtiez les enfants parricides !
« Contre qui siffleront vos serpents et vos fouets.
« Si des monstres pareils les ont trouvés muets ?
« Mais c'est peu, citoyens, de ces crimes de l'homme
« Comment a-t-il agi quand il fut roi de Rome ?
« Le Forum est désert : votre héraut n'est plus,
« Comices souverains, créés par Romulus !
« Anciens législateurs transformés en esclaves,
« Vos voix ont des bâillons et vos pas des entraves :
« Au lieu de décider ou la guerre ou la paix,
« Vous sciez des troncs d'arbres et vous portez des faix.
« O vieux guerriers ! vos bras, couverts de cicatrices,
« S'usent à remuer de sales immondices :
« Car des soldats romains, de ces nobles soldats,
« Qui, tout autour de Rome, ont conquis des états,
« Les Tarquins, ô pudeur ! de ces hommes de guerre
« Ont fait des balayeurs et des tailleurs de pierre.
« Encor si nous voyions le terme de nos maux !
« Si la mort de Tarquin promettait le repos !
« Mais ses enfants ! Jugez les enfants par le père :
« Jugez ce qu'ils feront par ce qu'ils ont pu faire.
Le droit du sang, le droit de l'hospitalité,
Que les barbares même ont toujours respecté,
L'honneur d'un nom intact, cette autre forteresse,
N'ont pas contre Sextus pu défendre Lucrèce.

Devant cette épouvante il n'a pas reculé.
Quand donc tremblera-t-il, puisqu'il n'a pas tremblé?
Lucrèce, ton courage ouvre la route à suivre.
Ta mort nous a fait voir comme il faut te survivre.
Les Tarquins sont absents; Rome nous appartient;
Le peuple est avec nous; le Sénat nous soutient;
Les soldats mécontents n'attendent plus qu'un signe
Pour déserter le chef dont leur fierté s'indigne,
Et servir, dans nos murs, d'un fer resté romain,
Leurs femmes et leurs fils qui sont sous notre main.
Enfin, mieux que cela, nous avons pour défense
Tous les dieux immortels que le forfait offense.
Il ne faut que vouloir. Eh bien! que voulez-vous?
Choisissez, citoyens, des Tarquins ou de nous!

VALÈRE.

Non, non, plus de Tarquins! meure la tyrannie!
Disparaisse Tarquin et sa race bannie!

BRUTE.

Disparaisse à jamais, coupable d'un tyran,
Le trône où peut s'asseoir un crime encor plus grand!
Disparaisse à jamais et Tarquin, et la place
Où des tyrans nouveaux retrouveraient sa trace!

(Un messager entre en perçant la foule.)

LE MESSAGER, prenant Brute à part.

Brute, Tullie est morte. Elle-même, d'un fer
Que j'ai vu dans son flanc, s'est immolée hier.

BRUTE.

Elle a bien fait. Ainsi le trépas fut semblable
Pour la femme innocente et la femme coupable;
Toutes deux s'immolant, d'un commun désespoir,
L'une à sa passion, et l'autre à son devoir.

(Au messager.)

Va! prends soin qu'au tombeau sa cendre soit livrée.

VALÈRE.

Que dis-tu là?

BRUTE.

Je dis que Rome est délivrée.

(A la foule).

Plus de rois!

CITOYENS.

Plus de rois!

BRUTE.

Marchons alors!

VALÈRE.

Courons!

Brute, sois notre chef, commande et nous suivrons.

BRUTE.

(Se tournant vers le corps de Lucrèce qu'on emporte
sur une litière).

A Rome! donc, à Rome! — O mânes tutélaires,
Faites que votre sang féconde nos colères!
Précédez notre marche, et que votre convoi
Porte le premier coup contre le dernier roi!
Nous, pleins du même esprit, marchons comme un seul homme!
Romains de Collatie, à Rome!

CITOYENS.

A Rome! à Rome!

FIN DE LUCRÈCE.

VARIANTE.

Il nous semble que la révolte, excitée par Brute, est le complément nécessaire de l'action, qui porte non-seulement sur l'attentat de Sextus et la mort de Lucrèce, mais encore, et principalement, sur l'expulsion des Tarquins et la fondation de la république romaine.

Toutefois nous indiquons ici, en laissant le choix aux acteurs, un dénouement, moins complet mais plus rapide, qui termine la pièce presque immédiatement après la scène des serments.

ACTE V.

SCÈNE III.

BRUTE.

Entends-nous, ô Lucrèce!

LUCRÉTIUS.

O Lucrèce!

COLLATIN.

O Lucrèce!

(Tumulte au dehors. — Rentre Valère.)

VALÈRE, à Brute.

La foule est rassemblée : elle est là qui se presse.

(Entre un messager.)

LE MESSAGER, prenant Brute à part.

Brute, Tullie est morte. Elle-même, d'un fer
Que j'ai vu dans son flanc, s'est immolée hier.

BRUTE.

Elle a bien fait. Ainsi le trépas fut semblable
Pour la femme innocente et la femme coupable;
Toutes deux s'immolant, d'un commun désespoir,
L'une à sa passion, et l'autre à son devoir.

(Au messager.)

Va, prends soin qu'au tombeau sa cendre soit livrée.

VALÈRE.

Que dis-tu là?

BRUTE.

Je dis que Rome est délivrée.

(La toile tombe au moment où le peuple se précipite sur le théâtre.)

www.ingramcontent.com/pod-product-compliance
Ingram Content Group UK Ltd.
Pitfield, Milton Keynes, MK11 3LW, UK
UKHW031831170726
13836UKWH00004B/1630

9 782329 374